해학과 풍자의 세계

양주별산대놀이

중요무형문화재 제2호

양 정 화 엮음
안 희 수 사진

지식과교양

추천하는 글

탈놀이의 관심을 이끌 대중적 접근에 주목한 책

정형호 | 문화재청 무형문화재위원

탈은 한국의 대표적 예술 상징으로서, 탈놀이 속에 한국인의 삶의 좌절과 희망이 담겨 있다. 기층 민중들은 탈을 쓰고, 억눌림과 결핍된 삶 속에서 그들이 바라는 보다 바람직한 세상을 그리면서, 대동이 한데 어울려 밤을 새워 신명을 풀어갔다. 이런 탈놀이는 전통적인 탈판에서는 지역성, 세시성, 제의성, 현실비판성, 민중성, 대동놀이성, 신명성을 지니면서 세시놀이로서 전승되었다. 그런 과정에서 기층 집단은 암울하기만 한 현실의 한계, 삶을 짓누르는 부정적 속성의 한을 긍정적인 삶으로 전환해 가며 살아 왔다. 탈놀이에는 시대정신이 그대로 녹아 있으며, 우리 기층 집단의 인간다운 삶에 대한 욕구가 깔려 있다.

20세기 이 땅의 전통문화는 억압과 시련의 시대적 아픔을 딛고 전승되었다. 지난 세기의 전반기는 식민 지배하에 생존에 급급한 시기로, 일제에 의해 강제적 전승 중단이란 어려움이 처했다. 다행히 탈놀이는 지역민과 연희자, 학자들의 노력에 의해 해방 후에 단계적으로 복원되어, 1970~1980년대를 거치면서 독재정권하의 저항 문화의 상징으로까지 인식되었다. 그러나 지나치게 탈놀이의 현실비판성을 내세워, 그 자체로 발전적인 방향성을 모색하지 못하는 한계에 부닥쳤다. 또한 무형문화재로 지정되면서 국가의 보호를 받으며 공연 중심으로 안주하게 되었다.

현재 한국의 탈놀이는 외형적인 성장을 거두고 있으나, 비대해진 외형에 비해 내부에 많은 문제점을 지니고 있다. 전승 현장에서 활력을 잃어서, 이제는 대동놀이적 성격을 찾기가 어렵게 되었다. 본래의 신명을 찾아야 하는 과제에 있다.

양주 고을은 예부터 "춤에 미쳤다"고 할 정도로 신명이 있는 고장이다. 『고려사』 악지에 보면, "양주는 땅이 넓고, 물질이 풍부하며, 주민들은 봄이 되면 남녀가 어울려 놀기를 좋아하고, '양주'라는 노래를 즐겁게 불렀다."고 소개하고 있다. 비록 노래는 전하지 않지만, 양주는 넓고 비옥한 토질에 삶의 여유를 지니면서 멋을 아는 고을이었다.

그런 이유로 양주지역은 전통문화의 보고라 일컬을 정도로 많은 무형문화재가 전승되고 있다. 국가중요무형문화재가 양주별산대놀이(2호), 양주소놀이굿(70호)이 있고, 경기도 무형문화재로 양주상여와 회다지소리(27-1호), 양주농악(46호), 그 외에 비지정의 양주들노래가 전승되고 있다.

특히 서울의 본산대가 모두 소멸된 상태에서 산대놀이의 원래 모습을 가장 잘 보존하고 있는 것이 양주별산대놀이라 할 수 있다. 양주의 탈놀이가 지향하는 미의식은 멋진 춤사위, 흥겨운 노래, 재치 있는 재담, 해학적 인물 등이 있지만, 궁극적인 삶의 지향점은 별도로 있다.

첫째, 양주의 산대놀이는 탈일상성에 의한 전도된 현실 속의 일탈의 미학을 보여준다. 탈놀이를 전승시킨 집단은 현실의 한계와 억압구조를 벗어나서, 자유롭고 평등한 삶을 지향한다. 하인형인 말뚝이나 하층민인 쇠뚝이가 지배층인 샌님을, 또한 먹중과 취발이가 관념적인 노장을 세속적 존재로 끌어내린다. 이를 통해 비일상적 시간과 공간에서 일상의 전도나 일탈이 이루어지며, 여기에서 심리적 공감대를 형성하며 집단적 축제가 형성된다.

둘째, 양주의 탈놀이는 비극적 일상의 사실적 형상화를 통한 해원(解冤)을 이룬다. 미얄할미가 가부장제하에 남성의 횡포에 의해서 죽고, 죽음의 의식인 진혼굿이 이루어진다. 그 속에 집단적 정화를 이루며 삶의 생명력을 확인하게 된다. 한편 침놀이에 나타나는 먹중 아들의 질병과 죽음의 위기는 민중들이 의료혜택을 제대로 받지 못하고 속수무책으로 당하는 현실을 반영한다.

셋째, 양주의 탈놀이는 인간다운 삶을 구현한다. 취발이는 2세 교육을 통해 미래에 보다 나은 삶을 기대한다. 또한 신분의 벽을 넘는 평등한 삶의 실현, 강한 성욕을 통한 생산의 증대, 축귀의식무를 통해 놀이판과 마을공간을 정화시켜 보다 풍요롭고 편안한 삶을 구현하려고 한다.

넷째, 양주의 탈놀이는 대동놀이적 집단 신명풀이를 통해 부정적 현실을 긍정적인 삶으로 전환한다. 기층집단은 고착화된 현실 속에서, 현실적 결핍과 억압을 집단적 신명을 통해 풀어간다. 구경꾼들은 대거리(말대꾸), 추임새('얼쑤', '얼씨구', '좋다' 등)를 통해 판에 흥을 불어넣으며, 대동이 하나 되어 어울리며, 뒷풀이나 틈새판에 춤으로 직접 참여한다. 이를 통해 억압된 생명력을 풀어가며, 삶의 신명을 확인한다.

다섯째, 양주의 탈놀이는 갈등 극복을 통한 화해 · 조화를 지향한다. 등장인물간의 갈등은 극단적 대립을 지양하고 화해로 전환한다. 양반과 말뚝이는 적당한 선에서 타협하여, 상대를 부정하는 극단적 싸움으로 가지 않는다. 그리고 중과 취발이는 2인의 소무를 하나씩 나누며 타협한다. 한편 영감은 할미 사후 가족관계를 복원하며 사후 화해를 이룬다.

1970년대 후반부터 1980-90년대에 걸쳐 탈춤부흥운동이 일어나서 한때 탈춤이 큰 유행을 했으나, 이후 탈놀이는 탈지역화, 탈세시화 속에 무대공연화되면서 대중의 관심에서 벗어나 있다. 따라서 지역을 기반으로 과거 기층민중들의 대동놀이적 성격이 사라지고 보존회 중심의 공연으로 바뀌었다. 한때 지역 문화센터를 중심으로 유행처럼 번지던 탈춤 배우기도 어느 순간 에어로빅과 사물놀이 등에 자리를 빼앗기고, 이제는 일부 애호가의 관심에 머물러 있다.

이런 시점에 양정화 선생의 『해학과 풍자의 세계 -양주별산대놀이』 단행본 출간은 탈놀이에 대한 관심을 이끌어낼 수 있는 대중적 접근이라는 점에서 주목할 만하다. 전문 학자들의 연구성과와 대중의 눈높이에 밝은 작가와의 만남이 빚어낸 작품이 이 책이라 생각한다.

추천하는 글

지방문화의 주체성 · 정체성 · 특색을 간직한 특별한 탈놀이

이복규 | 서경대 문화콘텐츠학과 교수

우리나라에는 지역별로 여러 가지 탈춤이 전해지고 있다. 판소리가 발달한 호남 지역을 제외하고는 수도권, 경남, 황해 등에 여러 탈춤이 전하고 있다. 그 가운데에서도 〈양주별산대놀이〉는 특별하다.

경기도 양주에서는 해마다 사월 초파일과 오월 단오에 사직골 딱딱이패를 초청해 탈춤을 공연했는데, 그쪽에서 약속을 지키지 않는 일이 잦아지자, 자기네가 탈춤 공연을 하게 된 것이 〈양주별산대놀이〉이다. 중앙 문화에 의존하다가 지방이 자체적으로 독립했다는 점에서 우선 의미 있다. 그뿐만이 아니다. 동네 본바닥 사람들만 연기자로 나서서 고도의 기능을 전수해 왔다는 점도 특별하다. 평소에는 당집에 모셔 놓았던 탈을 내려서 쓰고 탈춤 공연자들이 놀이판으로 갈 때 길놀이를 벌이고, 공연 전에 고사 지내기 절차가 남아 있는 점도 이색적이다. 지방문화로서의 주체성, 정체성, 특색을 간직하고 있어 모두 주목할 만하다.

이 책의 구성을 대략적으로 살펴보면, 1장은 양주별산대놀이의 유래와 전승을 다루었다. 산대놀이의 역사, 전승배경, 전승유래, 연희의 의미 등을 간략히 기술하였다. 2장은 탈과 의상에 관해 서술했다. 탈의 특징을 인물별, 외형별로 구분하고, 의상과 도구를 제시했다. 3장은 춤사위와 노래를 거드름춤, 깨끼춤으로 구분하고, 음악과 노래는 악곡, 장단, 노래, 불림 등으로 나누어 제시했다. 4장은 양주별산대놀이보존회 채록본의 원문을 길놀이, 서막고사에 이어 각 과장별로 구분해 보이되, 각주와 함께 제시했다.

양주별산대놀이는 탈일상의 전도된 삶과 일상의 비극적 삶을 바람직한 삶으로 전환한다. 그리고 갈등과 억눌린 생활 감정을 화해와 조화로운 삶으로 풀어가면서 대동놀이의 신명풀이를 이룬다.

탈이란 용어에는 원래 가면과 액운이란 이중적 의미가 들어 있다. 그런 점에서 탈춤은 탈(가면)을 쓰고, 탈(액운)을 막기 위해 추는 춤을 말한다. 이 책을 통해 기층 민중들이 현실의 고난과 아픔을 집단적인 춤과 재담, 노래와 몸짓을 통해 어떻게 풀어냈는지 헤아리기 바란다. 양주의 한, 신명과 멋은 이 땅에 살아온 민중들의 삶의 지혜를 고스란히 담고 있기 때문이다.

전문 학자들이 낸 책들도 있지만 일반 대중이 읽기에는 부담스러웠던 게 사실이다. 동화작가이기도 한 양정화 선생의 필치로 다듬어져 나온 이 책으로 양주별산대놀이에 대한 관심과 이해가 깊어지기를 희망한다.

머리말

전통문화가 다양한 콘텐츠로 재탄생하길 바라며

『중요무형문화재 제2호 양주별산대놀이』는 경기도 양주지역에서 전승되는 산대놀이 계통의 탈놀입니다. 고려 시대부터 전승되던 산대잡희에 소속되었던 예인 집단이 민간으로 와서 서울을 중심으로 본산대가 형성되었고, 양주는 이를 토대로 이들만의 탈놀이를 만들어 오늘날까지 전합니다.

하지만 우리의 전통문화를 접하는 일은 점점 더 어려워지고 있습니다. 전통문화를 계승하는 사람도 줄었지만, 이를 배울 수 있는 기회와 함께 즐길 수 있는 기회를 찾는 일도 쉽지 않습니다. 우리 전통문화의 대부분이 이 같은 상황에 빠져 있다고 합니다. 한편으로는 많은 분야에서 전통문화를 다양한 콘텐츠로 재생산하려고 시도하지만 문화의 원형 자체를 구하는 일도 쉽지 않습니다. 전통문화를 현대적인 시각으로 확대 생산하고자 할 때, 시작부터 큰 벽에 부딪히게 되어 있다는 뜻입니다.

최근 몇 년 동안 우리 전통문화의 원형을 현대적 시각으로 엮는 작업을 하면서 보다 큰 흥미와 재미로 사람들에게 다가가야 한다는 생각을 했습니다. 양주별산대놀이가 떠올랐습니다. 권력자에게 받아온 억압과 멸시를 비틀고 비꼬아 웃음으로 승화시킨 진정한 해학과 풍자의 양주별산대놀이를 보다 쉽게 찾을 수 있도록 하고자 겁 없이 나섰습니다.

이 책에서는 춤사위의 멋을 보여주는 화보에서 시작하여 양주별산대놀이의 전승 유래, 탈과 의상, 의물의 특징, 춤사위와 노래를 설명합니다. 그리고 이 책의 주요 목적인 대본 전체를 실었습니다. 연희자와 채록자에 따라서 내용과 순서의 변화가 있어 현재 공연에 활용되는 대본을 중심으로 엮었으며, 일부 내용은 알아보기 쉽도록 현대어 및 표준어로 바꾸었으나, 특수명사 혹은 중요한 내용을 전달하는 방언 등의 단어는 그대로 두되 주석을 달아서 설명했습니다.

이 책이 나오기까지 많은 분들의 도움을 받았습니다. 귀중한 원형 자료를 선뜻 내어주신 양주별산대놀이 보존회 이해윤 회장님과 귀한 사진을 흔쾌히 보내주신 안희수 사진작가님과, 추천사를 써 주신 이복규 교수님과 정형호 선생님께도 감사드립니다. 이 책을 통해서 우리 전통문화 양주별산대놀이가 다양한 형태의 콘텐츠로 새롭게 생산되어 많은 사람들이 우리 문화를 즐길 수 있게 되기를 바랍니다.

2018년 10월

양정화

차례

국가중요무형문화재 제2호
양주별산대놀이

양주별산대놀이의 탈

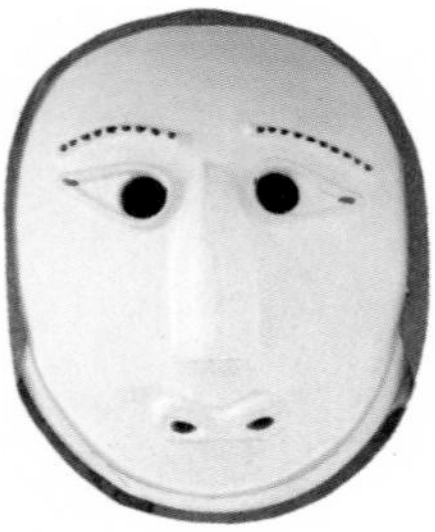
첫째상좌

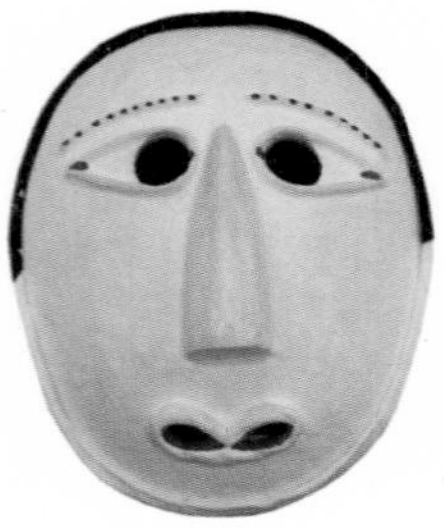
둘째상좌

옴중

원먹

가먹

연잎

눈끔적이

완보

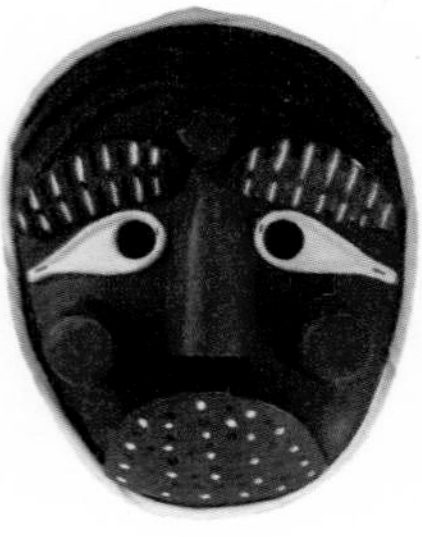
신주부

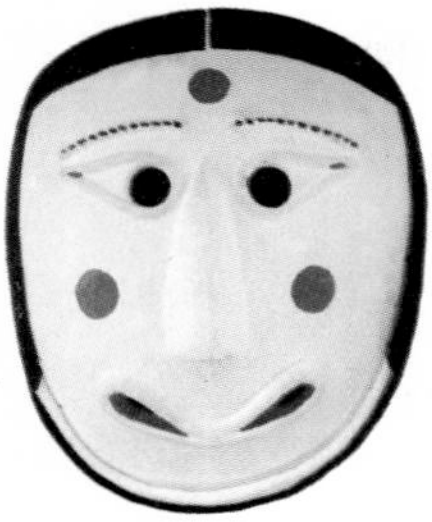

왜장녀

노장

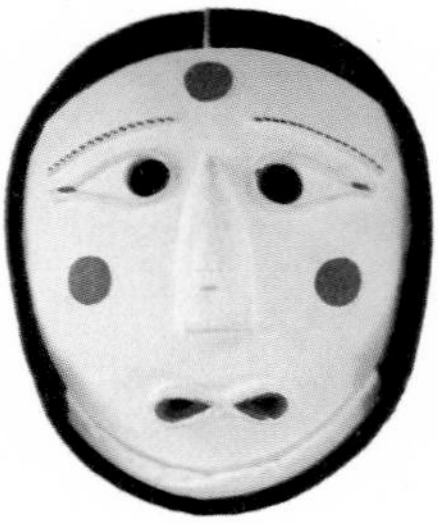

소무

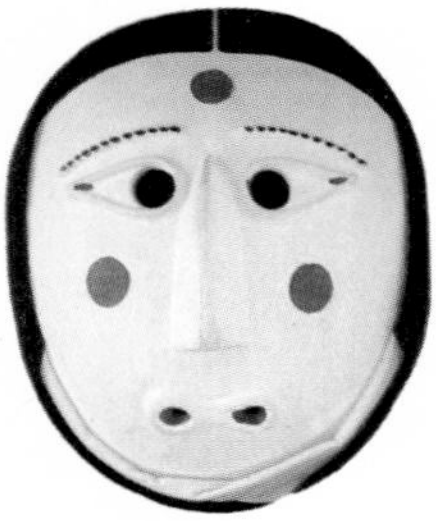

애사당

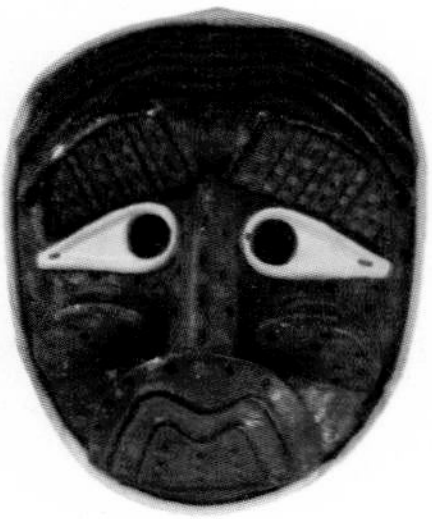

말뚝이

원숭이

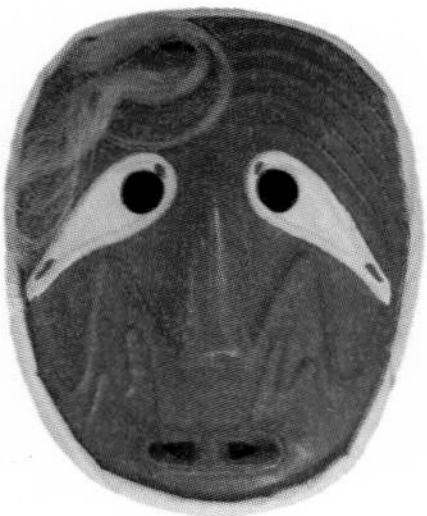

취발이

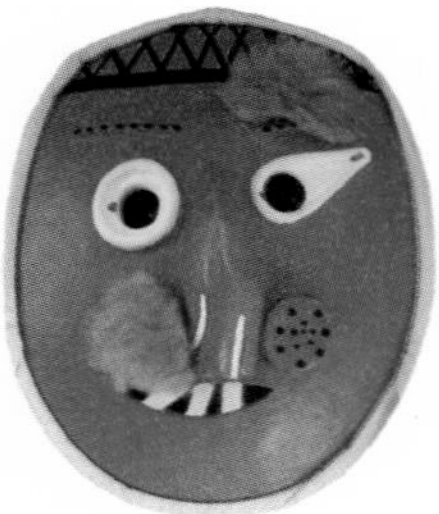

샌님

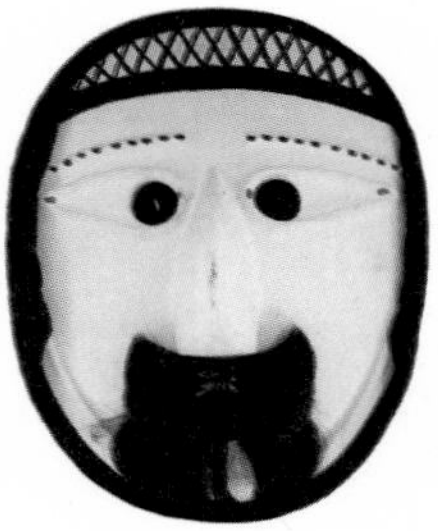

포도부장

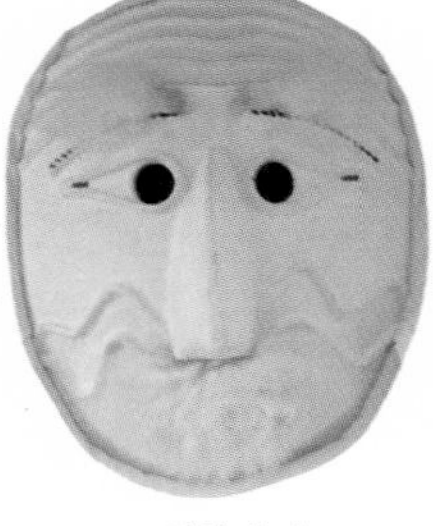

신할애비

미얄할미

취발이 아들

양주별산대놀이

생활의 어려움이
연희이다 그대로 배어나오는

국가중요무형문화재 제2호
양주별산대놀이

Ⅰ. 양주별산대놀이의 유래와 전승

1. 우리나라의 산대놀이

우리나라 민속 가면극의 하나인 산대놀이는 장소를 정해두지 않고 큰길가나 공터에 임시로 무대를 설치하고 공연을 펼치는데, 이 무대를 산붕(山棚) 혹은 오산(鰲山)이라고도 부르기도 했다. 『고려사』에서 상원의 대규모 연등회에 산대악인(山臺樂人)이 참여했다는 기록을 찾을 수 있어 산대는 고려 초부터 전승되고 있었음이 증명된다. 산대는 고려시대에는 연등회와 팔관회 등 국가 주요 의례 때에 설치되었으며, 조선시대에는 중국 사신의 영접, 종묘 행차 후 환궁, 연말의 나례, 기타 국가적 경사와 연회에서 설치되어 산대놀이가 열리기도 했다. 본산대놀이는 성균관 소속의 반인(泮人)이 공연했는데, 반인은 성균관에 소속된 노비들로서, 문묘를 지키고 성균관 유생들의 부양에 필요한 잡무를 처리하는 일을 맡아 관인이라고도 불렀다. 이후 이들이 흩어지면서 여러 지역에 산대놀이패를 구성했다.

서울과 경기 지역에 분포하는 산대가면극은 서울의 아현, 녹번, 구파발, 노량진 등에 본산대가 있었고, 경기지역 양주에는 별산대가 있었다. 현재 전승되는 산대도감 계통의 가면극에는 경기지방의 양주별산대놀이와 송파산대놀이, 황해도의 봉산탈춤과 강령탈춤, 은율탈춤, 영남지방의 통영오광대, 고성오광대, 가산오광대, 수영야류, 동래야류 등이 있다. 그리고 북청사자놀음과 서낭제탈놀이, 꼭두각시놀음 등도 전해진다.

2. 양주별산대놀이의 전승 배경

조선시대 양주지역의 문화적 · 정치적 영향력을 보여주는 양주향교

양주별산대놀이가 전승되는 지역은 행정상 경기도 양주시 유양동은 조선 초기부터 목사가 거주하며 읍성 취락지역을 이루던 행정과 교통의 중심지였다. 신석기시대부터 사람이 거주한 흔적이 있는 역사

깊은 곳이며, 삼국시대에는 한강유역과 함께 신라, 백제, 고구려가 쟁탈하고자 하는 주요 대상지였다.

고려 태조 때 한양군을 양주로 바꾸면서 양주의 지명이 나타나기 시작했으며, 1395년(조선 태조 4년)에 양주부, 1413년(태종 13년)에 도호부, 1466년(세조 12년)에 목으로 승격되었다. 목사가 거주하는 고을이며, 18세기 중엽에 발간된 『여지도서』에 따르면 450여 가구에 인구가 2,000여 명에 달한다고 기록되어 있어 한양 주변의 큰 마을이었던 지역이다. 1895년에 한성부 양주군, 1896년에 경기도 양주군이 되었고, 1922년에 양주면이라고 개칭했다. 한국전쟁 때 심한 폭격으로 마을 전체가 잿더미로 변하는 바람에 1950년대 말에는 150여 호 1,200여 명 인구의 작은 시골마을이 되었다.

하지만 양주시에 형성된 역사적 문화적 유산은 상당하다. 불곡산을 주봉으로 하여 도선이 창건한 백화암이 있고, 경기도 유형문화재로 지정된 활궁터인 어사대비가 남아있다. 무엇보다 1401년(태종 1년)에 창건된 향교가 있는 지역이다. 원래의 향교는 임진왜란 때 소실되고 1610년(광해군 2년)에 재건되어 오늘에 이른다.

양주지역은 넓고 비옥한 토지로 농업과 상권이 형성되어 풍요로운 생활을 누렸던 곳인 만큼 다양한 세시놀이를 즐길 수 있는 배경이 되었다. 이는 향교가 있는 지역에서 양주별산대놀이뿐만 아니라 양주소놀이굿, 초파일에 국사당제, 단오에 성황당제, 3월에 산신제를 지낼 정도였으며, 사월초파일에 하는 줄불놀이 등을 즐겼던 것으로 보아 양반문화와 서민 문화가 공존하던 곳이었음을 알 수 있다. 또 관의 영향력이 컸던 만큼 세습적인 향리(鄕吏)들이 행사에 주도적인 역할을 하거나 큰 영향력을 행사하고, 상인과 신명이 있는 한량들이 합세하면서 양주별산대놀이와 같은 독특하고 생명력 있는 지역문화를 오늘날까지 전승시킬 수 있었던 것으로 보인다.

3. 양주별산대놀이의 전승 유래

1960년대 중반 길놀이 장면 (사진제공: 양주별산대놀이보존회)

양주별산대놀이는 산대도감극(山臺都監劇)의 한 갈래로 춤과 무언극, 덕담과 익살이 어우러진 민중놀이로 조선시대 양주목사가 군행정을 집행하던 양주구읍(楊州舊邑)에서 약 200년 전부터 놀아오던 명절놀이였다. 사월초파일과 단오, 추석 등 크고 작은 명절에 주로 공연을 열었고, 가뭄이 심하면 비가 내리기를 기원하는 기우제에서도 열기도 했다.

1613년(광해군 5) 경기도 양주목사 유척기(兪拓基)가 임진왜란 이후 민심을 수습하기 위해 한양의 '사직골 딱딱이패'를 초청해 양주군 주내면 유양리(현재 양주시 유양동)에 무대를 만들어 주민들과 마음껏 놀게 했다. 당시 서울지역에 사직동, 아현동, 노량진, 녹번동, 구파발 산대놀이패가 유명했는데, 지방으로 다니며 공연을 하고 있었다. 직접 만든 탈을 쓰고 부패한 사회와 무능한 양반들을 대사로 조롱하고, 비웃어대며 민심의 인기를 얻기 시작했다.

날로 인기가 높아지자 이들의 행패가 나오기 시작했는데, 공연을 할 때마다 추가로 돈을 요구하거나, 마음에 안 들면 지방공연을 핑계로 대면서 갑자기 약속을 어기고 나타나지 않는 일이 많아졌다. 그러자 이를 참다못한 양주고을 사람들이 하나로 뭉쳐서 직접 탈을 만들어 놀기 시작했고, 딱딱이패의 공연에 내용을 가감하고 변화를 준 가면극이 만들어졌다. 1800~1830년에 유양동에 살던 이을축(李乙丑) 목수가 주민 노경무, 유인혁 등과 함께 서울의 탈을 본떠 제작하여 마을사람들에게 나눠주고 재연한 산대놀이, 이것이 바로 양주별산대놀이다.

이후, 양주지역에서는 서울 놀이패를 본(本)산대라고 부르고, 양주 놀이패는 별(別)산대라고 구분지어 부르며 그들만의 탈극으로 발전시켰고, 전국에서 인정받는 양주지역만의 탈놀이가 정착되었다. 이후 세월이 지나면서 본산대놀이는 소멸되어 전승되지 않고 이름만 남아있게 되자, 탈놀이 하면 양주별산대놀이가 대표로 불리게 되었고, 1964년 12월 7일에 국가중요무형문화재 제2호로 지정되기에 이르렀다.

연희가 정착된 시기와 어느 지역의 본산대에서 유래를 찾을 수 있는가 하는 점에서는 기록에 따라 약간의 차이가 있다. 정착시기에 대한 기록에 따라 세 가지 견해가 있다. 첫째 18세기 후반인 1760년~1800년대에 이을축(李乙丑)이 중심이 되어 정착시켰다는 설, 둘째 19세기 초반 1800년대에 산대놀이를 초청했고, 1820년~1830년에 현지인이 산대놀이를 실연했다는 구체적인 기록, 셋째 19세기 중반인 1850년~1860년대에 정착되었다는 설이다. 이 세 견해를 종합하면 양주별산대놀이의 정착시기는 18세기 후반~19세기 중반에 걸쳐있는데, 이는 적어도 18세기 후반에 시작되어 19세기에는 양주지역의 산대놀이로 완전히 정착했다는 뜻으로 해석할 수 있다.

양주별산대놀이가 전승될 수 있었던 것은 이을축을 중심으로 지역 하층민들이 적극적으로 전승에 참여했기 때문이다. 관아의 잡역에 종사하던 하리(下吏), 통인(通引), 기수(旗手), 사령(使令) 등과 관노가 포함되기도 했다. 때로는 다른 연희집단이 조직적으로 참여했고, 관에서도 적극적으로 지원했다. 이 놀이가 성행할 때에는 도처에서 많은 구경꾼과 장사꾼들이 몰려들어 난장이 형성되기도 했다.

그러나 일제강점기 말기에 접어들어 세력이 크게 약화되고, 해방 후에는 명맥만 유지하다가 한국전쟁으로 인해 탈이 소실되고 다수의 연희자가 사망함에 따라 사라질 위기에 처한다. 1951년 11월에 김성

태가 기억을 더듬어 탈을 복원, 소수의 인원으로 놀이를 복원했지만, 탈과 의상, 소도구 등을 보관하던 불곡산 사직당이 1964년에 산사태로 소실되면서 다시 한 번 위기에 처한다. 그러나 같은 해 12월에 양주별산대놀이가 국가중요무형문화재 제2호로 지정되고, 사단법인 양주별산대놀이보존회가 결성되면서 새로운 전기를 맞이하였고, 8명의 연희자가 기능보유자로 지정을 받았다.

1985년에 전수관이 건립되어 체계적인 전수교육이 이루어지고, 정기적인 공연이 놀이마당에서 열리면서 안정적인 전승이 가능해졌다. 이후 전국에서 진행되는 다양한 행사에 초청되어 양주별산대놀이를 선보이고 있으며, 2001년에 현재의 양주별산대놀이마당이 개관하면서 현대적이고 쾌적한 장소에서 전통문화를 선보이고 있으며, 전수자 교육을 통한 전통문화 전승과 함께 다양한 연령층을 위한 교육도 진행하고 있다.

현재 놀이마당으로 사용하고 있는 양주별산대놀이 전수관

4. 양주별산대놀이의 연희 의미

1960년대 공연 장면

양주별산대놀이에 앞서 연희자들이 가면과 의상을 갖추고 음악을 울리면서 마을입구에서부터 공연장소까지 행진하는 길놀이를 진행하고, 관중의 무사를 기원하는 고사를 지낸다. 놀이는 전체 8과장으로 구성되어 있으며, 전체 과장을 공연할 때면 보통 저녁 무렵에 시작하여 다음날 새벽까지 계속되었다고 한다. 요즘은 일부 과장을 3~4시간 동안 시간을 줄여서 공연하고 있다.

상좌춤으로 시작하여 지노귀굿으로 끝나는 과정은 종교적인 의례에서 출발해 가면극으로 옮겨온 내력을 보여준다. 특히 대사에서 운문이 아닌 일상회화 형식으로 진행되는데, 민중의 심리와 감정, 일상을 대변하는 대사이기에 연희자와 관중 모두에게 큰 여흥을 준다.

춤이 희극성을 창조하면서 이를 더욱 강화하고 있는데, 특히 사방치기와 원형적인 동선을 보이는 춤은 누구든지 동참할 수 있도록 하는 공동체 의식을 부여해 모두가 흥겨워할 수 있는 축제적 성격을 보장받기도 한다. 특히 생동적이고 역동적인 춤사위는 민중의 억세고 끈질긴 생명력을 반영하고 있어, 민중의 일상생활이 자연스럽게 농축되어서 나오는 표현이 된다.

양주별산대놀이는 파계승에 대한 풍자, 몰락한 양반과 양반에 대한 모욕, 무당, 사당, 하인 및 다양한 연령의 평민들이 등장하여 민중의 현실을 폭로하고 풍자하면서 해학과 탄식을 보인다.

Ⅱ. 양주별산대놀이의 탈과 의상

1. 탈의 특징

1) 첫째상좌

바가지에 채색한 흰 바탕에 소나무를 깎아 코를 만들어 붙였다. 입과 눈언저리, 눈썹은 창호지를 꼬아 가늘고 약간 아래로 쳐지게 붙이고, 검은 점을 찍었다. 눈꼬리는 좌우로 평행하고 끝에 붉은 점이 있다. 붉은 탈보를 씌운다.

도련님 역을 겸한다.

높이 23cm, 너비 19cm

2) 둘째상좌

첫째 상좌와 같은 방식으로 만들고, 검은 탈보를 씌운다.

서방님 역을 겸한다.

높이 22.5cm, 너비 18cm

3) 옴중

얼굴은 자주빛 바탕에 코는 소나무를 깎아 만들어 붙인다. 이마에는 주름이 있고, 눈꼬리는 흰색으로 칠하며, 위를 향해 찢어졌다. 얼굴에는 팥알 같은 종기가 많이 돋아있고, 흰색에 붉은 점을 찍고, 얼굴 가운데에 좌우로 곡선의 주름이 있다. 입술은 초승달 모양으로 벌어져 있으며 붉은 색이고, 노란 이가 2개 보인다. 흰색 탈보를 씌운다.

높이 24.5cm, 너비 19.5cm

4) 원먹

얼굴 바탕은 주홍색이고 눈은 흰색이고 약간 처졌다. 눈꼬리에 붉은 점이 있다. 코, 눈썹, 양 뺨과 이마 위에 혹, 아랫입술은 소나무를 깎아 만들어 붙이고 흰색과 검은색으로 점을 찍었다. 눈썹은 눈과 크기가 비슷하고, 눈썹에 흰색과 검은 세로선을 그린다. 이마에 여러개 있는 주름이 깊다. 양쪽 뺨에 붉은 색 큰 점이 있다. 흰색 탈보를 씌운다.

높이 24cm, 너비 21cm

5) 가먹

얼굴 형태와 크기는 원먹과 같으나 얼굴 바탕은 갈색이다. 원먹에게 있는 이마의 혹이 없으며, 양 뺨에 있는 혹은 둥글다. 흰색 탈보를 씌운다.

높이 24cm, 너비 21cm

6) **연잎**

머리에 녹색 연잎 3장이 그려져 있고, 주홍색 얼굴에 코, 눈썹, 양 빰의 혹을 소나무로 조각하여 붙인다. 입과 눈가장자리에는 창호지를 꼬아 만든다. 눈썹은 여러 색을 올리고, 입은 일자로 벌린 상태로 흰 이가 5개 보이고, 언저리에 회색 점을 찍는다. 흰색 탈보를 씌운다.

높이 24.8cm, 너비 19.5cm

7) **눈끔적이**

팥빛에 가까운 자주색 바탕의 얼굴에 코와 눈썹, 양 뺨에 있는 혹은 소나무 조각을 붙여서 만든다. 볼에 있는 혹에는 큰 녹색 점이 있고 얼굴에는 작은 녹색 점이 많다. 반달형 눈썹은 눈보다 크고, 노란색과 녹색 줄이 있다. 입은 창호지를 꼬아 만들어 붙이는데 약간 벌어져 있고, 이마에는 깊은 주름이 세 가닥 있다. 눈구멍이 크며, 가면 내부에서 눈이 끔쩍거릴 수 있게 개폐시키는 장치가 있어 입으로 조종한다. 흰색 탈보를 씌운다.

높이 24cm, 너비 22.2cm

8) **완보**

얼굴은 크고, 붉은 바탕에 눈썹은 소나무 조각을 붙이고, 눈꼬리가 약간 쳐져 있다. 입은 병어주둥이 모양으로 바가지를 파서 만든다. 이마에는 주름이 있고, 빰에는 꾸불꾸불한 두 주름이 있다. 눈썹은 타원형으로 흰색과 검은 줄이 있고, 흰색 탈보를 씌운다.

높이 25cm, 너비 20cm

9) **신주부**

자주빛 얼굴 바탕에 코 윗부분과 양 뺨에 있는 혹과 눈썹, 아랫입술은 소나무 조각으로 만들어 붙인다. 이마는 넓고, 주름 2줄이 깊고 눈썹에는 흰색과 검은색 줄, 검은 점이 있다. 입은 타원형의 큰 형태이고, 흰색과 검은색 점이 많고, 아래로 쳐져있다. 흰색 탈보를 씌운다.

높이 25.3cm, 너비 21.3cm

10) **왜장녀**

흰색 얼굴 바탕에 코는 소나무 조각으로 만들어 붙인다. 입은 크고, 양 뺨으로 찢어지고, 눈꼬리는 약간 올라가 있다. 눈썹과 눈가장자리, 입은 창호지를 꼬아 만들어 붙인다. 빰에는 연지곤지를 찍고 눈썹에는 검은 점을 찍었다. 입꼬리는 위로 향한다. 검정색 탈보를 씌운다.

해산어멈, 도끼 누이를 겸한다.

높이 24.2cm, 너비 20cm

11) **노장**

검은 얼굴 바탕에 흰 점과 붉은 점이 전체적으로 깔려 있고, 눈부분은 황색이며, 광대뼈가 높다. 아랫입술, 뺨, 이마의 혹은 소나무를 깎아서 만들어 붙이고, 아랫입술이 강조되어 앞으로 내밀고 있다.

높이 24.5cm, 너비 21.5cm

12) **소무**

흰 얼굴 바탕에 코는 소나무로 만들어 붙이고, 눈가장자리와 눈썹, 입은 창호지를 꼬아 만들어 붙인다. 눈초리에 붉은 점을 찍고 연지곤지를 찍고 입술은 눕힌 8자 형태이다. 검정색 탈보를 씌운다.

높이 24.3cm, 너비 21.3cm

13) **말뚝이**

자줏빛 얼굴 바탕에 코와 양 뺨의 혹, 아랫입술, 이마의 혹, 눈썹은 소나무를 깎아서 만들어 붙이고, 이마에는 크고 깊은 주름이 3줄이고, 아랫입술은 내밀었다. 눈꼬리는 약간 처졌으며, 눈썹은 타원형에 새로로 검은 선이 있고, 그 위에 녹색점을 찍었다. 얼굴 전체에 녹색과 검은 점이 있고, 턱에는 굵은 녹색 줄이 그려져 있다. 흰색 탈보를 씌운다.

완보의 하인, 신장수, 도끼를 겸한다.

높이 25cm, 너비 21.5cm

14) **원숭이**

붉은 얼굴 바탕에 코는 소나무를 깎아서 붙이고, 얼굴 가장자리에는 털을 둘렀다. 눈은 궁글고 오른쪽 눈자위가 유난히 크다. 입은 살짝 벌린 상태이며, 눈썹이 붉은 색으로 가늘게 그려졌다. 붉은색 탈보를 씌운다.

높이 25cm, 너비 20.3cm

15) 애사당

소무와 같으며, 얼굴에 연지만 찍는다.

높이 24.3cm, 너비 21.3cm

16) 취발이

붉은색 얼굴에 코는 소나무를 깎아서 만들어 붙이고, 입과 눈 가장자리는 창호지를 꼬아서 만들어 붙였다. 입은 누에고치 형이며, 작은데, 혀가 살짝 보인다. 머리에는 쇠꼬리로 된 노란색의 풀어진 상투가 달려 얼굴을 살짝 가리고 있다. 뺨에 굴곡이 큰 주름이 2줄 있으며, 이마에도 긴 주름이 5줄 있다. 눈은 희고, 눈꼬리는 아래로 길고, 심하게 처졌으며 눈초리에 붉은 점을 찍는다. 흰색 탈보를 씌운다.

쇠뚝이를 겸한다.

높이 24cm, 너비 19.8cm

17) 샌님

붉은 얼굴 바탕에 좌우 불균형이다. 코와 왼쪽 뺨의 혹은 소나무로 만들어 붙이고, 눈썹은 털이고, 왼쪽 눈은 길쭉하며 위를 향해 찢어졌고, 오른쪽 눈은 둥글다. 눈썹에는 검은 점이 있고, 왼쪽 코밑에 붉은 털이 있고, 오른쪽은 휘어져 흰 선을 그어 언청이를 표현했고, 뻐드렁니가 두 개 크게 보인다. 머리에는 망건을 그려 놓았다. 흰색 탈보를 씌운다.

높이 24.5cm, 너비 20.2cm

18) 포도부장

흰 얼굴에 코는 나무로 만들어 붙였다. 눈가장자리와 눈썹은 창호지를 꼬아 만들어 붙이고, 아래로 쳐져있다. 머리에는 망건을 그려 표현했고, 검은 팔자수염이 입과 턱을 덮고 있다. 검정색 탈보를 씌운다.

높이 23.5cm, 너비 20.1cm

19) 신할애비

흰 얼굴 바탕에 이마가 길고 눈은 약간 위로 향한다. 코와 입은 소나무로 만들어 붙이고, 주름은 창호지를 꼬아서 만드는데, 이마에 5줄, 빰에 2줄이 있다. 눈썹 검은 점 위에 흰 털이 있고, 수염은 흰 털인데, 입을 덮고 있다. 흰색 탈보를 씌운다.

높이 25.3cm, 너비 21.8cm

20) 미얄할미

얼굴 바탕은 어두운 갈색 바탕이고, 코와 왼쪽 빰의 혹은 소나무로 만들어 붙이고, 혹에는 흰점과 붉은 점이 그려져 있다. 눈가장자리는 창호지를 꼬아서 붙이는데, 눈썹에는 흰색 점이 있다. 입은 반달형으로 바가지를 파서 만들어 삐뚤어지고, 입술은 붉은색이며, 살짝 벌어져 있다. 온 얼굴에 흰 점이 찍혀 있다. 흰 탈보를 씌운다.

높이 25cm, 너비 20cm

2. 의상과 의물

1) 첫째상좌

쾌자 위에 흰 도포를 입고 붉은 띠에 흰 고깔을 쓴다. 흰 행전을 친다.

도련님으로 나올 때는 복건을 쓰고 남색쾌자를 입고 붉은 띠를 맨다.

2) 둘째상좌

첫째 상좌와 동일하다.

서방님으로 나올 때는 도포에 붉은 띠를 매고 관을 쓴다.

3) 옴중

등에 용을 그린 장삼을 입고, 회색 행전에 옴벙거지를 쓰고 새끼띠를 두른다.

작은 막대기 두 개를 들고, 제금을 꽁무니에 찬다.

새끼띠는 나중에 옴방망이를 만든다.

4) 원먹

용장삼을 입고, 붉은 띠에 회색 행전을 두른다.

5) 가먹

원먹과 같다.

6) **연잎**

등에 십장생의 하나인 학이 그려져 있는 연두색 청창의를 입고, 그 위에 띠를 매고, 푸른 행전을 두르고 손에는 커다란 화선을 든다.

7) **눈끔적이**

등에 호랑이가 그려져 있는 장삼을 입고, 붉은 띠에 회색 행전을 두른다.

8) **완보**

등에 용을 그린 장삼을 입고, 붉은 띠를 두른다. 회색 관을 쓰고 꽹과리를 든다.

9) **신주부**

흰색 혹은 옥색 두루마기에 관을 쓴다. 침을 건에 꽂는다.

10) **왜장녀**

옥색 치마, 저고리, 흰색 단속곳, 용장삼에 붉은 띠를 두르고, 괴나리봇짐을 걸머진다. 붉은 큰 머리를 하고, 나중에 징, 꽹과리, 북을 포개어 이고 나온다.

해산모로 나올 때는 큰 머리에 옥색 치마, 저고리를 입고, 해산도구와 붉은 보자기, 동자 인형을 들고 나온다.

도끼누이로 나올 때는 여자 상복을 입는다.

11) 노장

등에 호랑이를 그린 회색 장삼을 입고, 붉은 띠와 회색 행전을 두르고 좌우로 넓게 퍼진 송낙을 쓴다. 목에는 긴 염주, 손목에는 작은 염주를 건다. 한 손에 화선을 들고 다른 손에는 구절죽장 지팡이를 짚고 투전도 가지고 있다.

12) 소무

검은 머리에 연두색 저고리 혹은 색동저고리와 붉은 치마, 다른 소무는 노란 저고리에 남색치마를 입고, 그 위에 푸른 쾌자를 입고 붉은 띠를 맨다.

13) 애사당

소무와 같은 얼굴 모양에 연지만 찍는다. 댕기머리에 흰 고깔을 쓰고 색동저고리, 붉은 치마에 도포를 입고 홍띠를 띠고 법고채를 든다.

14) 말뚝이

연두색 쾌자(청창의)에 붉은 때를 두른다. 패랭이갓을 쓰고, 연두색 행전을 치고, 채찍을 든다.

도끼를 할 때는 패랭이를 안 쓴다. 넋풀이 할 때는 굴건제복을 입는다.

15) 원숭이

붉은 쾌자를 입고 붉은 행전을 친다.

16) 취발이

등에 학을 그린 청창의를 입고, 붉은 띠, 푸른 행전에 귀룡가지(잎이 푸른 사철나무 가지를 사용)를 든다.

쇠뚝이로 나올 때는 곤장을 든다.

17) 샌님

흰 도포에 회색 유건 혹은 관을 쓰고 회색 행전, 붉은 띠에 흰 부채를 든다.

18) 포도부장

흰 혹은 옥색 두루마기에 갓을 쓴다.

19) 신할애비

흰 도포에 붉은 띠를 두르고, 유건 또는 관을 쓴다. 지노귀굿을 할 때는 화선과 장고를 갖는다.

20) 미얄할미

흰 치마, 저고리에 황색 큰 머리를 하고, 지팡이를 갖는다.

Ⅲ. 양주별산대놀이의 춤사위와 노래

1. 거드름춤

1) 두루치기 : 상좌가 추는 춤이다. 도포자락을 번갈아가며 왼팔과 오른팔에 얹으며 걸어간다.

2) 합장재배 : 상좌가 추는 춤이다. 사방으로 돌아다니며 사방신에게 고하는 의식무이며, 양손을 천천히 한데 모아 얌전하게 재배한다.

3) 거수재배 : 합장재배 춤으로 양손을 머리 뒤로 올려 절한다.

4) 팔뚝잡이 : 상좌가 추는 춤이다. 왼손으로 오른손 팔뚝을 곱게 받쳐 들고 뒷걸음질한다.

5) 허리잡이 : 상좌가 추는 춤이다. 오른손을 배에 대고, 왼손은 등에 대고 몸을 앞뒤로 바꾸면서 나가는 춤인데, 장단이 바뀔 때는 오른손과 왼손을 바꾸면서 춘다.

6) 멍석말이 : 상좌, 옴중, 노장, 연잎이 추는 춤이다. 거드름춤에서 깨끼춤으로 넘어갈 때 양손을 번갈아가며 머리 위로 감아 넘겨 허리에 붙이고 발은 번쩍 들었다가 내려놓으며 방향을 바꾼다.

7) 고개끄덕이 : 옴중이 추는 춤이다. 음악을 듣고 좋아서 고개를 끄덕이며 뒷걸음질한다.

8) 용트림 : 옴중이 추는 춤이다. 용이 사방으로 돌아보며 꿈틀거리는 동작을 상징하며, 주위에 부정한 것이 있는지 살피는 춤으로, 왼손으로 오른손 장삼을 잡고 앞으로 밀었다 잡아 당겼다하며 몸을 좌우로 돌리면서 사방으로 뛰며 춘다.

9) 사방치기 : 상좌, 옴중, 노장, 연잎이 추는 춤이다. 동서남북 사방으로 다니면서 잡신과 사악한 기운을 쫓아내는 의식을 하는 춤으로 춤사위가 각각 다르다. 옴중춤은 용이 승천하기 위해 장삼자락을 잡아 머리 위로 올리며 승천하기에 날씨가 좋은지 나쁜지를 살피려고 사방으로 자리를 옮기면서 하늘을 보는 춤이다. 노장춤은 지팡이를 짚고 소무들에게 가기 위해 남의 눈이 있나 없나를 확인하는 춤으로 지팡이는 들었다 내리고, 몸은 좌우로 움직인다.

10) 활개치기 : 옴중과 노장이 추는 춤이다. 옴중춤은 용이 승천을 해보려고 요동을 치는 것으로 장삼을 휘두르며 앞으로 뛰어 나갔다가 뒤로 뛰어 들어오는 춤이다. 노장춤은 소무들을 자기 것으로 만들려고 작심하고 본격적으로 행동하려는 춤이다. 이 춤에서도 장삼을 휘두르며 앞으로 뛰어갔다 뒤로 뛰어나온다.

11) 활개꺾기 : 옴중이 추는 춤이다. 용이 승천하려고 주위에 부정한 것이 있는지를 살피는 춤으로 양손을 번갈아가며 앞으로 뻗어 이마에 대고, 차츰차츰 밑으로 손을 내리고 발은 번쩍번쩍 들어 앞으로 나갔다가 다시 후퇴한다.

12) 활개펴기 : 옴중과 노장이 추는 춤이다. 옴중춤은 용이 승천을 하려고 날갯짓을 하는 춤으로 나비나 새가 날갯짓을 하듯이 팔을 옆으로 쭉 폈다가 손을 맞잡고, 다시 펴고 하는 것을 반복하면서 전진한다. 노장춤도 뜻만 다르고 춤은 같다.

13) 돌단치기 : 노장과 연잎이 추는 춤이다. 잡귀가 범치 못하도록 돌단을 끼고 돌 듯 장중을 돈다. 왼손과 오른손을 번갈아 무릎에 대고 발은 장단이 바뀔 때마다 껑충껑충 떼어 놓는다.

14) 연풍대 : 부채를 펴서 얼굴 앞으로 올려 바람에 연잎이 나부끼듯이 이리저리 흔든다. 같은 동작을 사방으로 다니면서 추는데, 방향을 바꿀 때마다 종종걸음을 치며, 새로운 장단이 떨어지는 동시에 오른발은 번쩍 들었다 내려놓고 왼손은 등에 붙인다.

15) 복무 : 노장이 추는 춤이다.

(1) 좌우보기 : 무릎을 굻고 앉아서 머리는 완전히 땅에 묻고, 장단에 맞춰 좌우로 허리를 틀면서 고갯짓을 하며 좌우를 살핀다.

(2) 이닦기 : 무릎을 꿇고 앉아 양손으로 물을 퍼서 좌우로 손을 움직이며 이를 닦는다.

(3) 얼굴닦기 : 무릎을 꿇고 앉아서 양손으로 물을 퍼서 얼굴 아래위로 문지르다 물 묻은 손을 털어버리고 왼손으로 오른쪽 장삼자락을 잡아당겨 문지르며 얼굴의 물을 닦아낸다.

16) 일어나기 : 노장이 추는 춤이다. 거동을 하려고 지팡이를 잡고 일어나는 춤으로 한 번 일어나려다 힘이 없어 쓰러지고, 두 번째 일어난다. 무릎을 꿇은 상태에서 지팡이와 부채를 잡고 지팡이에 의지하며 발을 가다듬어 일어난다.

17) 소무보기 : 노장이 추는 춤이다. 소무 앞으로 다가가서 부채 너머로 소무를 보는데, 왼손은 지팡이를 잡고 오른손으로는 부채를 펴 들고, 자기 얼굴을 완전히 가리고 부채 너머로 소무를 훔쳐본다.

18) 지팡이 버리기 : 노장이 추는 춤이다. 오른손으로 지팡이를 들어 머리 위로 번쩍 들고, 왼발과 오른발을 번갈아가며 들었다가 내려놓고, 허리를 좌우로 틀다가 지팡이를 뒤로 던진다.

19) 자라춤 : 소무들이 추는 춤이다. 오른손과 왼손을 관자놀이 부분까지 올려 번갈아가며 자라발 뒤집듯 뒤집었다가 엎었다가 하다 내려놓고, 발은 무릎을 살짝살짝 굽혔다 폈다 하면서 조금씩 제자리에서 돌기도 하고 이동도 한다.

20) 넘어지기 : 노장이 추는 춤이다. 일어나기 할 때 춘다. 손으로는 지팡이와 부채를 잡고, 양발을 주춤거리며 일어나려다가 왼쪽 무릎이 먼저 땅에 닿으면서 앞으로 고꾸라진다.

2. 깨끼춤

1) 불림사위 : 춤을 추려고 문구를 부르는 것인데, 왼손을 허리에 짚고 오른손은 앞으로 뻗어 인지 손가락으로 악사를 가리키고 양발은 땅에 붙이고 서서 엉덩이를 좌우로 흔들며 불림을 부른다.

2) 빗사위 : 흥을 돋우기도 하지만, 상대방의 눈을 피해 돌아가는 춤이다. 마치 수탉이 암탉을 훼치는 듯한 모습으로 오른손은 오른쪽 귀 위로 꺾어 올리고, 왼손은 옆으로 벌려 약간 아래쪽으로 내리고, 머리는 상대방 혹은 장 중앙으로 주시하고 무릎을 살짝살짝 굽혔다폈다 하면서 원 또는 상대편 자리로 이동한다.

3) 고개잡이 : 좌우 또는 앞을 살피는 춤이다. 상대방과의 맞춤 또는 싸울 때 추며, 오른손은 배에 대고 왼손은 등허리에 대고, 오른발

을 앞으로 길게 내딛어 놓고, 오른쪽, 왼쪽, 앞쪽으로 자세를 바꿔가며 고개를 짧고 강하게 들었다 숙였다 한다.

4) 깨끼 : 뼈마디 마디의 흥을 풀어내기 위한 춤이다. 오른손과 왼손을 번갈아가며 머리 위로 뻗어 올렸다가 이마를 거쳐 가슴 앞으로 꺾어 내리고, 발은 오른발과 왼발을 번갈아가며 기역자로 올렸다가 내려놓으면서 앞으로 나간다.

5) 깨끼리 : 왼발로 서서 손과 발로 여러 가지 묘기를 보이는 춤이다. 다리를 앞으로 뻗었다가 구부렸다가 하는데, 오른발은 들어서 기역자로 하고, 왼발은 땅에 붙인 채 뒤꿈치를 떼었다가 디뎠다 한다. 오른팔과 왼팔은 번갈아 옆으로 뻗었다가 등에 붙이고, 양손을 오른쪽 무릎에 모아 어깨춤을 추며, 왼쪽-오른쪽으로 손을 돌리다가 양손을 어깨높이로 뿌리기도 한다. 왼손을 오른손 팔꿈치에 대고 세우고 있는 오른팔 앞으로 내려 풍차 감듯이 앞으로 내려 가슴 앞까지 들였다가, 양손을 머리 위로 올렸다가 내린다. 같은 동작을 왼쪽으로 옮겨서 한 번 더 되풀이한다.

6) 멍석말이 : 멍석을 말 듯, 자반을 뒤집듯, 몸을 돌면서 배와 잔등이를 뒤집는다. 오른손과 왼손은 번갈아가며 머리를 감아 내리고, 발은 오른발과 왼발을 번갈아가며 기역자로 들어 올렸다가 내렸다 하면서 제자리를 맴돈다. 삼현청을 향해 맴을 도는 춤으로 여러 배역이 추는 춤이다.

7) 여닫이 : 여닫이문을 열고 닫는 것을 묘사한 춤이다. 양손을 가슴 앞에서 머리 위로 뿌려 내리고, 오른발을 들어 왼손 쪽 사선으로 내딛고, 왼발은 이와 반대로 하면서 갈지(之)자 형으로 나간다.

8) 곱사위(곱새) : 여닫이춤은 전진하는 춤이고, 곱사위춤은 후진하는 춤이다. 이 손 저 손을 어깨 너머로 젖히면서 뒷걸음질을 한다. 왼쪽 다리를 들고 오른손을 가슴까지 가져갔다가 그 손을 어깨에서 젖히는 동작이다.

9) 너울질 : 밑에서부터 머리 위로 날아오르려는 듯한 춤으로 벌과 나비가 꽃에 앉으려하는 모습을 묘사한다. 양손을 번갈아가며 밑에서부터 머리 위로 휘저으며, 양쪽 발도 교차로 땅을 밟는다.

10) 장단갈이 : 상좌, 옴중, 노장, 연잎 등이 추며, 거드름춤에서 깨끼춤으로 넘어갈 때, 악사들에게 장단을 바꿔달라는 춤이다. 양손을 등허리에 대어 뒷짐을 지고, 두 손바닥을 위로 올렸다가 내렸다 하면서 양발은 땅에 붙이고 엉덩이를 좌우로 흔든다.

11) 짐걸이, 고개잡이 : 등에 짐을 지고 가면서 주변을 살피는 춤으로 상좌, 옴중, 연잎 등이 주는 춤이다. 양손을 등허리에 대어 뒷짐을 지고 왼발을 들어 앞으로 내려놓는 동시에 몸 전체는 오른쪽으로 돌려서 고개를 들었다 숙였다 하고, 오른발을 들어 앞으로 내려놓는 동시에 몸 전체는 왼쪽으로 돌려 고개를 들었다 숙였다 하면서 타원형으로 앞으로 나간다.

12) 짐걸이 : 상좌, 옴중, 노장, 연잎 등이 추는 춤이다. 양손을 등허리에 대어 뒷짐을 지고, 왼발과 오른발을 번갈아 들었다 내려놓으며 앞으로 나간다.

13) 팔뚝잡이 : 노장이 추는 춤이다. 왼손으로 오른 팔뚝을 잡고, 오른발을 들어 앞으로 많이 뻗어 내려놓는 동시에 왼발을 빠르게 오른발에 갖다 붙인 다음 고개잡이를 하듯이 고개를 끄덕끄덕 한다. 이와 같은 것을 반대로 한 번 더 하고, 정면으로 고갯짓을 할 때는 오른손을 배에 대고 왼손을 등에 붙인다.

14) 허리잡이 : 흥을 자아내게 하는 춤으로 양손을 허리에 짚고 양발을 땅에 딛은 채, 엉덩이를 좌우로 흔든다.

15) 제비활개사위 : 흥에 겨워 미친 듯이 뛰어나가는 포도부장의 춤이다. 마치 제비가 날 듯 옷고름을 풀어헤친 두루마기 맨 아래를 양손으로 갈라서 쥐고 손을 허리 아래서 머리 위로 번갈아 올렸다가 내렸다 하고, 양발은 번갈아 교차시키며, 껑충껑충 뛰어나간다.

16) 갈지자걸음 : 노장이 추는 춤이다. 기력이 없어서 이편저편으로 흐느적거리며 '지(之)' 형태로 나간다. 오른발이 앞으로 나가면 오른손은 배에 대고, 왼손은 등에 대는 동시에 왼발을 끌어 오른발에 붙인 다음, 무릎을 한 번 굽혔다 펴면서 전진하는 춤으로 발을 바꿔가며 연속적으로 춘다.

17) 까치걸음 : 취발이와 양반, 쇠뚝이, 말뚝이, 해산모 등이 추며, 톡톡 튀는 까치의 걸음걸이처럼 한쪽 다리를 앞으로 뺐다 뒤로 내놓았다 하며 뛰는 모습을 묘사한 춤이다. 취발이 까치걸음은 오른손에 귀룽가지를 들고 오른쪽 어깨 위에 얹고, 왼손은 앞뒤로 휘두르며 발은 오른발을 앞으로 기역자로 하여 껑충껑충 앞으로 뛰고, 왼발은 뒤로 하여 동시교차 시키면서 한 번은 넓게, 한 번은 좁게 하면서 뛰어 나간다.

양반 까치걸음은 발은 취발이와 같이 하고, 오른 손에는 부채를 들고 내렸다 올렸다 하고, 왼손은 등에 대고 머리를 앞으로 숙였다 들었다 한다. 말뚝이와 쇠뚝이는 발걸음이 같으며, 앞으로 나가기도 하고, 뒷걸음질도 한다. 손은 양손을 앞으로 내밀기도 하고, 오른손을 옆으로 휘두르기도 한다. 고갯짓은 취발이, 양반들, 해산모, 말뚝이, 쇠뚝이 모두가 같다.

18) 원숭이걸음 : 원숭이가 춘다. 오른손은 어깨에 얹고 왼손은 내려서 앞뒤로 휘두른다. 왼발과 오른발을 교차시키면서 깡충깡충 뛰어나간다. 빗사위의 한 종류이다.

19) 병신춤 : 양반이 추는 춤이다. 오른손에 부채를 잡고 앞으로 쭉 뻗고, 왼손은 등허리에 짚고, 머리를 좌우 어깨에 옆으로 한다. 오른발은 기역자로 하면서 앞으로 뻗어 딛고 왼발은 뒤로 길게 뻗어 허리와 왼발을 움직여 왼쪽으로 가다가 다시 오른쪽으로 돌아온다.

20) 자라춤 : 소무들이 추는 춤이다. 거드름춤 때에는 느리게 추고, 허튼타령 때에는 빠르게 춘다. 제자리에서 오른손을 머리 부분 가지 올려서 손바닥을 젖혔다 가렸다 하고, 왼손을 들어서 같은 모양으로 춘다. 상대방을 따라다니면서 몸을 좌우로 살짝살짝 움직이면서 맵시 있게 춘다.

21) 어깨춤 : 모든 춤의 기본춤이다. 양손을 어리에 짚고 발은 땅에 붙이고 교차시키면서, 엉덩이를 좌우로 움직인다. 양어깨를 아래위로 또는 좌우로 들썩이면서 뼈마디가 빠지는 것 같이 춘다.

22) 맞춤 : 두 사람이 마주보고 추기도 하고, 맞붙잡고 추기도 한다. 맞잡고 출 때는 양손을 서로 상대방의 어깨에 얹고, 양발을 번쩍번쩍 들어 동시에 교차시킨다.

※ 기본춤은 불림, 빗사위, 고개잡이, 깨끼, 깨끼리, 멍석말이, 곱사위, 여닫이, 너울질이며, 순서는 불림을 시작으로 2-3-4-5-6-7-8-9-2-3-4-6-7로 끝난다.

※ 개인적으로 추는 과장춤은 왜장녀춤, 첫상좌춤, 연잎춤, 애사당춤, 옴중춤, 눈끔적이춤, 무당춤, 노장춤, 소무춤 등이 있다.

3. 음악과 노래

1) 반주되는 악곡

(1) 영산회상, 염불곡(염불타령)

(2) 느린 굿거리

(3) 자진 굿거리

(4) 느린 허튼타령

(5) 중 허튼타령

(6) 자진 허튼타령

2) 장단

(1) 염불

(2) 허튼타령

(3) 느린 굿거리

(4) 자진 굿거리

(5) 세마치

(6) 왜장가락

3) 노래

(1) 등장가

"등장 가세. 등장 가세.
그 무삼(무슨) 연유로 등장 가나.
늙으신 노인은 죽지 말고,
젊은 홍안은 늙지 않게

하느님 전으로 등장 가세."

(2) 백구타령

1절 "백구야, 껑충 나지(날지) 마라. 너를 잡을 내 아니다.
성상이 버리시니, 너를 좇아 예 왔노라.
오류춘광 경중한데, 백마금편 화류갈까."

2절 "삼청동, 화계동, 도화동도 동이온데,
동소문 밖을 썩 나서서 안암동도 동이요
경상도로다 썩 내려서서 모시 닷 동 베 닷 동
충청도로다 올라서서 명지(명주) 닷 동 무명 닷 동
사오 이십 스무 동을 돌돌 말아서 짊어지고
문경새재를 썩 넘어서니 난데없는 도적놈이……"

(3) 조기잡이

"어기야~ 승이야. 방아홍개로다 노잔다.
어기야~ 승이야. 방아홍개로 노잔다.
야할, 야할, 야할, 야할, 야할, 야할.
보리동냥 갈까, 대라. 밀동냥 갈까, 대라."

(4) 야할타령

"야할, 야할, 야할, 야할, 야할, 야할, 야할"

(5) 염불타령

"해동은 조선국이라 삼십칠 관 걸렸구나.
이씨 한양 등극한 때 봉황이 넌즛 걸렸으니,
봉황을 눌러 대궐 짓고, 대궐 밖은 육조로다.
육조 밖에는 오명문, 각 도 각 읍을 마련할 제
왕십리 청룡이요, 동구재 만리재 백호로다.

이씨 부인 마마께서 물아래 출입 하옵신다.
어떤 배를 잡아타나.
나무배를 잡아타니 나무라고 썩어지고,
돌배를 잡아타니 돌이라고 가라앉고,
흙토선을 잡아타니 흙이라고 풀어지고,
종이배를 잡아타니 종이라고 미어지고,
무쇠배를 잡아타니 무쇠라고 봉이 솟네.

뒷동산에 올라가서 연잎 댓잎 조르르 훑어,
홍공단으로 선을 돌려 금성지간에 돛을 달아,
앞으로는 앞 사공, 뒤로는 뒷 사공,
좌우 옆에는 목사공, 한가운데는 화장애비,
그건 그대로 하거니와.
의주 압록강 썩 건너서 의주구경을 나갔네.

의주부인 마마께서 자손창성 발원일세.
어떤 자손 발원인가.
상남에는 서방님, 중남에는 도련님,
하남에는 옥동자, 어깨 너머로 설동자,
가지 붙듯 오이 붙듯, 무럭무럭 자라나,
그 애기 점점 자라 일곱 칠 세 되었구나.

글자를 가르치자, 어떤 글자를 가르치나.
천자유학 동몽선습, 시전, 서전, 맹자, 논어 다 통하고

한양성내 만과 본다는 말을 바람풍편에 넌즛 듣고
방자놈의 거동보소, 마구삼간 뛰어들어
서산나귀 끌어내어 솔질을 쐴쐴,
말안장이며, 달안장에 술구반장을 번쩍 띠어

도련님 치장 볼작시면,
동대피레는 만지작, 청사도포, 흑사도포,
흑운 같은 검은 머리, 반달 같은 화룡소,
홀홀 솔솔 빗겨서 쟁반같이 넓게 땋아서,
궁초댕기 사각 물며, 맵시 있게 들여놓고,

애기치장 볼작시면, 열두 폭은 나들이 치마,
일곱 폭은 동자 치마, 세 폭 네 폭은 행주치마,
가위 밥으로 남은 것은 골무까지 마련하고,
백지를 옆에 끼고, 시지를 품에 끼고,
원앙청청 걷는 말, 안부담에 집차 타고,
한양 성내를 썩 들어서서 광화문턱 당도했네.

광주 분원 당사기 연적에 물 한 방울 떨어뜨려
부용당에 먹을 갈아 황모무심 방 출두를
백문설화 간지 상에 이리저리 그려놓으니,
그 글 한 장이 으뜸일세.
어른 광대를 저를 불고, 아이 광대는 춤을 추고,
동네방네 뛰어 드니, 예전 놀던 친구 내다보고,

저런 경사가 또 어디 있나."

(6) 둥둥타령

"아가, 아가. 울지를 마라. 우리 마당이 울지 마라.
울지를 마라. 울지를 마라.
네 아버지 장에 가서 엿 사다 줄게. 울지 마라.
만첩청산에 옥포둥아.
금을 주며는 너를 살리, 은을 주며는 너를 살리.
나라에는 충신동이요, 부모님 전에는 효자둥이.
동네방네는 귀염둥이요, 일가친척에 화목둥이.
울지를 마라, 울지를 마라.
네 어머니 굿에 가서 떡 받아 줄게. 울지 마라."

(7) 넋타령

"넋이야, 넋이로구나. 녹양심산에 첫 넋이야.
넋일랑 넋판에 모시고, 신에 신체는 관에다 모셔
북망산천 돌아가니 한심하고 처량하다.
저승길이 멀다 하더니 대문 밖이 저승일세.
옥출경 폭파경인데, 정수를 얻는 넋이로다."

(8) 시조

① "아헤들아(아이들아), 아헤들아.
산대굿 구경하여 보았느냐?
팔십 먹은 노인 나도 어제 산대굿 구경해보았단다.
이팔청춘 소년들아. 늙은이 망령을 웃지 마소.
나도 어제는 청춘이더니, 오
날(오늘) 홍안백발이 다 되었구나.

운심은 벽계요 황혼은 유독한데
적막강산이 예로구나(여기로구나)."

② "죽어라- 죽어라- 제발 덕분에 너 죽어라.
너 없으면 나 못 살리. 나 없으면 너 못 살리.
제발 덕분에 너 죽어라.
당 명황의 양귀비도 죽었거늘 제발 덕분에 너 죽어라.
노랑머리를 박박 긁고, 두 손뼉을 딱딱 치고,
긴앙대 배 위에 놓고, 제발 덕분에 너 죽어라."

③ "마누라- 마누라- 어디로 갔소?
만수산 넘어 송림촌 갔나?
영천수 맑은 물에 탁족하러 갔나?
상산사호 옛 노인 바둑 훈수 갔나?
일점이점 탕탕 놓는 바둑 훈수 갔나?
옛날 초패왕과 병서를 의논차 갔나?
주중전차 이태백과 술추렴하러 갔나? 어디로 갔소."

4) 불림

춤을 추는 사람이 춤판에 나오거나 연희 중, 춤추기에 앞서 악사에게 음악 반주를 요청하고, 듣기 좋거나 유명한 시 한 구절을 골라 노랫말로 부르는 것을 말한다. 부르는 사람마다 조금씩 차이가 있어서 느리게 부르기도 하고, 빠르게 부르기도 한다. 불림을 어떻게 하느냐에 따라서 춤이 잘 추어지기도 하고, 그렇지 않기도 하는데, 불림의 중요성은 놀이진행이나 신명풀이에 상당한 영향을 주기도 한다.

(1) 양양소아재백수(襄陽小兒齋拍手)하니
난가쟁창백동제(欄歌爭唱白銅鞮)라!
양양 땅에 사는 어린아이들이 다투듯이 어지럽게 떠들며 손뼉을 치고 노래를 부르면서 백동제라는 민요를 부른다.

(2) 달아달아 밝은 달아
태백(太白)이 죽어서 비상천(飛上天)하고!
이태백이 죽은 후 하늘을 날아 달에 올라가고!

(3) 금강산(金剛山)이 좋단 말을 풍편(風便)에 넌즛 듣고!
금강산이 좋다는 말을 바람편에 듣고. 사람들이 하는 말을 많이 들어 알고 있어서 한 번 가보고 싶다는 마음이 생기는 것으로, 여기서는 산대놀이판이 벌어지는 곳이 금강산 경치만큼이나 좋다는 말.

(4) 소상반죽(瀟湘斑竹) 열두 마디를 후리쳐 잡구서!
소상반죽은 중국 양자강 주변에서 자라는 마디와 마디가 아주 짧고 붉은 무늬가 있는 대나무이며, 열두 마디는 약 12~15cm 정도이다. 이는 남자의 성기를 말하는데, 취발이가 성교를 하겠다는 말을 소무에게 하면서 색기를 발동시킨다.

(5) 녹수청산(綠水青山) 깊은 골에
청룡황룡(青龍黃龍)이 꿈트러지고!
깊고 조용하고 깨끗한 곳에 상서로운 것이 있다는 말. 깊은 골에 있는 청룡과 황룡이 꿈틀거리듯, 춤을 멋지게 잘 추어보겠다는 말이다. 공용으로 부르는데, 특히 옴중이 즐겨 부른다.

(6) 나비야, 나비야 청산(靑山)가자. 호랑나비야 너도 가자.

취발이가 부르는 것으로 나비는 소무이고, 호랑나비는 노장이다. 이들 모두가 함께 서로 간통해보자는 뜻이다. 공용으로 부르기도 한다.

(7) 원산첩첩곤산(遠山疊疊崑山) 넘어 태산(泰山)이 출렁!

멀리 있는 태산을 향해 깊고 험한 산을 넘어 마침내 태산에 도착함

(8) 낙일(落日)이 욕몰현산서(峪沒峴山西)하니,

도착접이화하미(倒着蝶以花下美)라!

서쪽에 있는 낮은 산 너머로 하루해가 지고 있는데, 술 취한 한량이 옷을 아무렇게나 걸치고 나비관을 쓴 채, 여자 무릎을 베고 누워 있다.

(9) 쳐라, 쳐라. 철철 절이절수(節以節收)!

신명이 과해 악사에게 음악반주를 재촉함.

(10) 절수절수지화(節收節收之花)자. 조르르르르륵

옴중이 부르는 불림으로 영산회상 염불장단에 맞춰 부른다.

Ⅳ. 양주별산대놀이 채록본

1. 길놀이

연희자들이 산대놀이 공연을 위해 사직골 당집에서 탈과 의상을 갖추고 동네 입구에서 공연장까지 행렬하는 것을 거리굿 또는 길놀이라고 한다.

행렬의 선두에 완보와 옴중이 영기(令旗)를 하나씩 들고, 그 다음에는 원먹중이 양주별산대 기를 들고 따르며, 그 뒤에 악사들이 꽹과리, 징, 제금, 장구, 북, 호적 등 풍물을 울리면서 뒤따른다. 다음으로 신할애비, 미얄할미, 연잎, 눈끔적이, 노장, 소무 둘, 샌님, 포도부장, 완보, 취발이, 왜장녀, 애사당, 도끼누이, 서방님, 첫째상좌, 도련님, 원숭이, 옴중 등이 춤을 추면서 따르고, 유지와 관람자들이 뒤를 따르며 공연장으로 향한다.

예전에는 마을에 있는 음식점이나 유력의 집으로 가서 걸립(乞粒)을 하면 대개 쌀이나 돈으로 찬조를 했으며, 모여든 상인들에게 자릿세를 받아 비용을 충당하기도 했다.

길놀이에 참여하지 않는 연기자와 주최자는 공연장에 가서 개복청과 고사를 준비한다. 길놀이 일행이 공연장에 도착하면 노장과 소무는 개복청으로 들어가고 나머지 탈들은 놀이판에서 춤을 추고 나서 개복청에서 놀이복색을 벗고 도포 또는 두루마기만 입고 고사에 참례한다.

2. 서막 고사

놀이를 시작하기 전에 서막 고사(탈고사)를 지내는데, 22개 내외의 탈을 배열할 때 연장탈인 신할애비와 미얄할미를 제일 윗자리에 놓고 연잎과 눈끔적이, 노장 샌님 순으로 놓은 뒤, 나머지 가면을 차례로 배열한다.

그 앞에 제상을 마련하는데, 제물은 제주(원래는 조라술), 소머리, 편, 누름적, 배, 사과, 대추, 밤, 곶감, 산자, 강정, 포, 북어 등과 함께 소지 한 권도 올린다. 연희자 중에서 제관과 집사를 맡은 이가 나와서 고사를 지낸다. 제관이 절하고, 술을 붓고 절한다. 이때 모든 연희자들은 엎드려 있는다.

집사가 고사문을 낭독하고, 끝나면 모두 일어나 세 번 절을 하고 마친다. 이때 소지를 태워 올리며 고인이 된 연희자들의 이름을 부른다. 이는 탈에 깃들어 있다고 믿는 신령과 고인이 된 연희자들의 영혼이 공연하는 동안 연희자들과 관중의 무사함을 비는 행위이다.

〈고사지내는 말〉

유세차 년 월 일 양주골 놀이마당에서 여러 선생님네들을 모셔놓고 각종 제물을 진설하고 제를 지내오니 탁주 일 배라도 잡수시고 고이 돌아가고서. 자, 북어, 술 한 잔에다 고사합니다. ○ 선생이요, ○ 선생이요, ○ 선생이요, 각인각성(各人各姓) 열에 열 명이 왔더라도 어른, 애, 노인 할 것 없이 산대굿 구경하신 후에 각자 댁에 돌아갈 때까지 뉘도 탈도 없게 도와주옵소서.

3. 양주별산대놀이 대본

* 양주별산대놀이 대사는 연희 시기에 따라 다소 차이가 있다. 이 책에서는 사단법인 양주별산대놀이보존회가 보유하여 현재 사용하고 있는 전수본을 토대로 하였다.

등장인물

첫째상좌	8~9세 정도의 어린 상좌중이다.
둘째상좌	15~16세 정도의 소년중이다.
옴중	옴이 옮은 중으로 장난이 짓궂은 중이다.
완보	팔먹중 가운데 아는 것이 가장 많으며, 나이가 다른 먹중들에 비해서 조금 많은 편이다. 본래 원먹중인데, 옛 연희자 중에서 '김완보(탈과 의상을 보관하고 관리하던 당지기의 한 사람)'라는 사람이 원먹중 역을 하면서 원먹중 대신 완보라고 부른데서 유래한다.
원먹중	팔먹중의 한 사람으로 원먹중이 완보로 전환됨에 따라, 원먹중 역을 따로 한다.
가먹중	3명으로 되어 있다.

* 팔먹중: 속이 검은 중을 먹중이라 말하며, 완보, 옴중, 첫째상좌, 둘째상좌, 원먹중, 가먹중 3명으로 총 8명이다.

연잎	도가 높은 고승이며, 부채로 얼굴을 가리고 나온다. 생명체가 연잎의 눈에 비치면 죽기 때문에 항상 얼굴을 가린다. 이를 천상살이라 한다.
눈끔적이	연잎을 보필하는 사람으로서 장삼을 들어 얼굴을 가리고 나온다. 예전에는 눈을 끔적끔적 하였다고 하나, 현재는 그러지 못한다. 연잎이 춤을 출 때, 장내에 잡귀가 범치 못하도록 한다. 이를 지상살이라 한다.
신주부	의원으로 나와 침을 놓아주는데, 신주부라는 성씨가 '신'씨가 아니라 죽어가는 사람을 살리는 의술이 있다고 하여 신주부라고 부른다.
왜장녀	몸집이 대단히 크고 수줍음을 모르는 중년 여자. 애사당의 어머니다.
애사당	왜장녀의 딸로 젊고 예쁜 얼굴과 맵시가 아름다운 사당이다. (실제로는 여장을 한 17~18세의 소년)
말뚝이	양반집 하인 또는 돈 많은 한량
노장	늙은 중으로 소무당에게 빠져 파계하는 대표적인 파계승
신장수	장사꾼이며, 원숭이를 데리고 다닌다.
소무	소무당. 기녀이며 노장을 파계하게 한다. (원소무와 가소무가 있는데, 가소무는 노장의 여자이며, 소무는 취발이의 여자다.)
취발이	술을 좋아하는 한량으로 과거에 몇 차례 낙방한 중늙은이다. 아는 것이 많아서 문장을 쓰기도 하지만,

	절간에서 나무도 하고 밥도 지어주는 불목한이다. 노장에게서 소무 하나를 빼앗아 자식까지 낳고 살지만, 오래 가지 못하고 헤어진다. 곧은 성품을 지니고 있어서 파계승에 대해 강력하게 비판한다. 오입쟁이로도 유명하다.
해산모	소무당이 애를 낳을 때 순산을 시켜준다.
샌님	매관매직한 양반이며, 아는 것이 없어서 하인들에게 모욕을 당한다. 소견이 좁고 화를 잘 낸다.
서방님	샌님의 아들이며, 샌님과 마찬가지로 매관매직을 한 양반의 자식
도련님	매관매직을 한 샌님의 자식
쇠뚝이	소몰이꾼이며 말뚝이의 친구. 말뚝이와 함께 샌님 일행에게 온갖 모욕을 준다.
포도부장	하부 관원으로 샌님의 첩을 수차례 간통하여 끝내는 샌님에게서 소무를 빼앗는다.
신할애비	나이가 많고, 늙은 서민으로 미얄할미가 새로 얻은 영감
미얄할미	신할애비의 마누라로 속이 좁고 성미가 급한 여자
도끼누이	미얄할미의 딸. 무당 일을 하고 있으며 성미가 괴팍스러워 남편과 일찍 이혼하고 살아갈 길이 막막하여 몸을 팔거나 남의 집 품을 팔면서 근근이 산다.
도끼	신할애비의 아들. 이리저리 떠돌아다니며 방탕 생활을 하는 건달.
아들	침놀이 때 손자 역을 맡는다.(옴중이 한다.)

손자　　　침놀이 때 증손자 역을 맡는다.(둘째상좌가 한다.)
증손자　　침놀이 때와 의막사령놀이에 증손자로 나온다.(첫째 상좌가 한다.)

1) 제1과장 : 상좌춤

어린 상좌가 추는 춤으로 놀이굿과 연희자, 관중들의 무사함과 잡귀가 범치 못하도록 또는 사방신께 재배로서 고하는 의식무이다.

첫째상좌는 전복 위에 도포를 입고 홍띠를 두르고 고깔을 쓰고, 개복청에서부터 공연장 중앙까지 걸어서 입장하고, 중앙에서부터 총총걸음으로 삼현청으로 다가간다. 삼현청에서 약 10보 앞에 서면 염불곡을 연주한다. 염불 장단에 맞추어 두루치기, 합장재배, 거수재배, 팔뚝잡이, 허리잡이, 장단갈이 등의 느림 염불 6박짜리 춤을 추고 장단을 바꾸어 허튼타령에 맞추어 짐걸이, 고개잡이, 짐걸이를 하여 허튼 4박짜리 깨끼춤을 모두 추고 삼현청 좌측으로 퇴장한다.

상좌춤은 상당히 어려운 춤으로서 웬만큼 추어서는 그 맛이 나타나지 않는다. 양주별산대놀이 춤사위가 고루 갖추어져 있어서 판열음에 있어서 서무 역할을 톡톡히 하고 있는 춤이다. 상좌춤은 첫째상좌와 둘째상좌 춤이 따로 있었지만, 춤이 거의 비슷해서 현재는 첫째상좌만 추고 둘째상좌는 따로 추지 않고, 옴중과 맞춤을 추면서 팔먹중의 일원으로 참여한다.

2) 제2과장 : 옴중과 상좌

옴중춤은 양주별산대놀이의 대표춤 중 하나로 거드름춤과 깨끼춤이 선보인다. 옴중이 막대기로 두들기며 다니자 상좌가 빼앗으려 하고, 옴중이 제금을 치며 장내를 돌자 다시 상좌가 빼앗으려 한다. 옴중이 상좌를 내쫓고 깨끼춤을 추며 퇴장한다.

둘째상좌	(첫째상좌가 벽사의식무를 모두 마치고 퇴장하면 악사석 우측 출입구에서 장중으로 5~6보 가량 들어와 손뼉을 쳐서 장단을 청하여 깨끼춤을 모두 춘 다음 악사석 좌측 부근으로 가서 앉는다.) (개복청[1]에서 달려와 5~6보 가량 장중에 들어서서 다리를 버티고 양손을 허리에 짚고 선다.)
옴중	(제금과 법고채를 허리에 차고 나온다.) 내가 오랜만에 남의 대방놀이[2] 판에 쓰윽 나왔더니, 아래가 휘청휘청하고 어깨가 으쓱으쓱하고 사대육신이 노골노골한 것이 안 되겠다. 기왕지사 이렇게 남의 대방놀이 판에 써억 나왔으니, 옛날에 하던 지랄이나 한 번 해 볼까. (막대기를 딱딱 치면서 장중을 돈다.)
둘째상좌	(달려 나와서 막대기를 빼앗아간다.)

---

1) 개복청 : 조선시대 관리들이 옷을 갈아입는 곳으로 예(禮)를 존중하던 당시 의정(議政), 감사(監司) 같은 대신을 면회하기 전에 개복청에서 의관을 정제하였다. 현재 가면극에서 가면, 의상, 소도구 등을 두고, 연희자가 분장을 하거나 옷을 갈아입는 곳

2) 대방놀이(大房-) : 여러 사람이 모여서 노는 곳

옴중 (깜짝 놀라며 장삼을 휘두르며) 아이쿠! 이게 웬일이냐? 여기가 아주 못된 적혈[3]이로구나. 사람이 이렇게 많이 모여 산이고 들이고 가득한데, 백주대낮에 도적질을 하다니.

둘째상좌 (막대기를 두드리면서 옴중을 놀린다.)

옴중 (장삼자락을 휘두르며) 얘, 얘. 마라, 마~라. 이 녀석아. 마라, 마라. 이거 원. 남의 물건을 훔쳐가고 사람까지 놀리는구나. 저 녀석이 막대기를 보고 도둑질해 가는데, 쇠꼬챙이라도 보면 송도말년의 불가사리가 쇠 집어먹듯[4] 하겠구나. 좋다! 어디 다시 한 번 해보자. (제금을 꺼내어 치면서 장중을 돈다.)

둘째상좌 (이것을 보자마자 달려 나와 또 빼앗는다.)

옴중 (깜짝 놀라며 장삼을 휘두르며) 아이코! 이것 봐라. 내가 이럴 줄 알았다. 영락없는 도둑질이야. 그러고 보니 여기가 아주 못된 적혈이구나.

둘째상좌 (제금을 치면서 옴중을 놀린다.)

옴중 (장삼자락을 휘두르며) 아이고! 얘, 얘. 마라, 마~라. 하지 마라, 요 녀석아. 원! 저 녀석, 얼굴은 백골이 다 되어가지고도 도둑질은 일수야.

---

3) 적혈 : 도둑들만 모여 사는 곳

4) 송도말년의 불가사리가 쇠 집어먹듯 : 도저히 당해낼 수 없는 일을 하는 사람을 빗대어 이르는 속담설화. 《대동운부군옥(大東韻府群玉)》에 따르면 불가사리는 곰같이 생긴 상상의 동물로 악몽과 요사한 기운을 물리친다고 했으나, 여기서는 마구잡이로 아무 일이나 저질러 감당할 수 없는 존재를 가리키는 말로 쓰인다. 송도말년은 고려시대의 마지막 시기.

둘째상좌 (제금을 들고 달려 나가서 옴중의 배와 등을 때리고 물러선다.)

옴중 (주저앉으며) 아이쿠! 이놈 봐라. 이놈이 적반하장이구나. 남의 물건을 훔쳐가는 것으로도 모자라서 이젠 사람까지 치는구나. (일어서서 뒷걸음질을 하며) 그나저나. 야, 이놈아! 너 하던 지랄은 다 했느냐?

둘째상좌 (손뼉을 치면서 장단을 청한다.)

옴중 (장삼자락을 휘두르며) 아, 저 놈 보게! 아니, 저 놈 좀 봐!

둘이 깨끼춤을 추다가 옴중이 둘째상좌를 때려 내쫓는다.

옴중 예끼! 안갑[5]할 놈 같으니. 원, 저 녀석이 어른보다 차포오졸은 더하는[6] 놈이로구나. (삼현청[7] 앞으로 달려가) 대~방을 휘몰았소.

장구 쿵. 기덕.

옴중 허! 이게 맹물은 아니로구나. (뒷걸음질하여 불림을 부르고, 장삼자락을 휘두르면서 앞으로 나간다.)
"절수- 절수- 지화자- 쪼르르르!"

---

5) 안갑 : 한 혈통이 위아래를 가리지 않고 간통을 함
6) 차포오졸(車包五卒)을 더하다 : 나보다 춤을 잘 추거나 뛰어남. 차포오졸을 사용하지 않고도 장기를 이김
7) 삼현청 : 가면극에서 반주를 하는 악사들의 자리

(거드름춤과 깨끼춤을 한바탕 추고 삼현청 앞 또는 객석으로 들어가 앉기도 한다.)

3) 제3과장 : 옴중과 먹중

놀이의 핵심인 옴중과 먹중의 깨끼춤을 볼 수 있다. 둘의 재담에서는 양반계층의 권력을 비꼬는데, 옴중은 양반계층의 하수인 같은 행동을 하고, 먹중이 이를 비틀고 풍자한다. 이 과장에서는 두 인물의 얼굴을 두고 비웃으며 시비를 걸며 다투다가 결국은 옴중이 먹중의 힘에 밀려 쫓겨난다.

먹중 (달음질로 5~6보 가량 장중으로 들어와 허리를 양손으로 짚고 다리를 버티고 서서) 아! 내가 아주 오랜만에 남의 대방놀이 판에 쓰윽 나왔더니, 아래가 휘청휘청하고, 어깨가 으쓱으쓱하고, 사대육신이 노골노골한 것이 이거 안 되겠다. 기왕지사 이렇게 남의 대방놀이판에 나왔으니, 어디 옛날 옛적에 하던 지랄이나 한 번 해 볼까? (양손을 머리 위로 잡고 다리를 들었다 놨다 하고, 몸을 비틀면서 기지개를 켠다.) 어으-! 아으-! 아아-!

옴중 (한달음에 먹중에게 달려가 옴방망이[8]로 얼굴을 때리고 온다.)

---

8) 옴방망이 : 짚을 꼬아서 만든 노리개

먹중	(깜짝 놀라며 멍석말이를 하고 나서) 아이쿠! 이게 무슨 일이냐! 대체 이게 웬일이냐! 아직 다 나오지도 않았는데, 이렇게 치는 이놈이 웬 놈이냐?
옴중	아니, 그래. 아직 다 나오지도 아니한 놈이 저렇게 커?
먹중	야, 이놈아. 너 뭐라고 말을 하는 거냐? 내가 세상으로 나온 지는 육십 년 전이고, 이 놀이판에는 지금 막 나왔다는 말이다.
옴중	아니, 그래! 남의 대방놀이판에 나와서 육칠월 송아지가 강가에서 풀 뜯어 먹고 영각[9]하듯이 어흐! 어흐! 어~흐 하니. 그게 무슨 안갑할 짓이냐. 이놈아! (먹중에게 가서 옴방망이로 얼굴을 때리고 나온다.)
먹중	(맞은 얼굴을 매만지다가 멍석말이를 하고는 주저앉는다.) 어이쿠! 어이쿠! 아이고. 저 놈이 어찌나 무지막지한 발길로 내찼던지 시뻘건 피가 콸콸콸 쏟아지는구나. 크-응 킁! 킁! (코를 푼다.)
옴중	야! 야! 야! 나는 나오다 못해 아주 허연 백피[10]가 콸콸콸 쏟아진다. 크-응 킁! 킁! (코를 푼다.)
먹중	저놈 보게. 맞기는 내가 맞았는데, 네 놈이 피가 왜 나와?
옴중	나도 맞았으니까 피가 나지.

9) 영각 : 송아지가 어미 소를 찾는 울음소리. 여기서는 황소가 암소를 찾는 소리로 해석할 수 있다.

10) 백피 : 콧물

먹중 그나저나 이놈이 사람을 치고는 온데간데없으니, 대관절 이놈이 어디로 달아났나? 굼벵이도 밟으면 꿈틀거리는 것인데, 죄 없는 사람을 치고 달아났으니, 내 이놈을 잡아서 조리[11]를 돌려야지, 그러지 않으면 분이 안 풀려서 못 견디겠다. (장중을 다니며 찾는다.) 대체 이놈이 어디로 가서 숨은 게야.
(양손을 휘저으며 옴중에게 가서 노병거지를 잡고 이리저리 끌고 다니며 망신을 준다.)

옴중 (제자리에서 맴을 돌다 앉는다.)

먹중 예끼, 이놈! 여기 있었구나. 아나 잇![12]

옴중 야아 잇![13]

먹중 얘. 그러나 저러나 너 그게 뭐냐?

옴중 그게 그거다.

먹중 이놈아. 세상에 그게 그것도 있느냐?

옴중 아, 이런 지에미 붙을 놈 같으니라고. 이놈아. 네가 그게 뭐냐고 하기에 그게 그거라고 했다. 뭐가 잘못됐느냐?

먹중 그게 아니라, 너 쓴 것 말이다.

옴중 쓰기는 뭘 써! 남의 일수를 써? 월수[14]를 써? 저놈 집안이 가난하다보니 평생 남의 돈만 써 본 놈이로구

11) 조리 : 이리저리 끌고 다니며 망신을 주는 것
12) 아나 잇 : 상대에게 아는 척 하는 소리. 인사와 같다.
13) 야아 잇 : 아는 척하는 상대에게 하는 대답
14) 일수(日收), 월수(月收) : 일수는 원금과 이자를 며칠에 나누어 일정한 액수를 날마다 거두어들이는 일. 월수는 원금에 이자를 얹어 다달이 갚아 가는 빚

나.

먹중 저놈이 평생 남의 돈만 써 버릇하여서 말대답도 저렇게 하는구나. 그게 아니고, 네놈 대가리에 쓴 것 말이다.

옴중 옳거니. 이것 말이냐? 이건 관이다.

먹중 관이면 이름이 있겠구나?

옴중 이것 보게나. 예끼! 이 바닥의 아들놈[15] 같으니라고. 이놈이 평생 관이라고는 한 번 못 써본 놈이로구나. 골목에서도 놀아보지 못한 놈이야. 길가에서 놀기라도 했던 놈이라면 하다못해 벙거지 하나쯤은 썼을 텐데, 맨상투 바람으로 다니는 것을 보니 산속 나무꾼이 분명하구나. 자, 봐라. 이 어른은 양반이 아니시냐.

먹중 그게 관이라면 이름이 있겠구나?

옴중 암. 있고말고.

먹중 그래? 그럼 그게 뭔지 한 번 알아보자.

옴중 안 된다. 네놈이 알면 미쳐 지랄을 해서 안 된다.

먹중 미쳐 죽어도 좋다. 한 번 알아보자.

옴중 그럼 지랄마라. 이건 저~기 (돌다가 먹중을 옴방망이로 때린다.)

먹중 (얻어맞고는 멍석말이[16]로 맴을 돈다.)

옴중 동소문 밖으로 쓰윽 나서면 커다란 버드나무 정자가

---

15) 바닥의 아들 : 더 이상 내려갈 곳 없이 천한 자식 중에 제일 천한 자식
16) 멍석말이 : 양주별산대놀이 춤사위 중 하나로 앞쪽의 춤사위 설명 참조

한 그루 있는데, 그 정자 아래서 늙은 마누라가 녹두를 드르르르 갈아서 거기에다 미나리, 파, 우거지를 숭덩숭덩 썰어 넣어 노릇노릇하게 부쳐놓은 빈대떡 같기도 하고, (옴방망이로 먹중 얼굴을 때린다.) 또 한 가지는 수수 한 되를 꽁꽁 빻아서 부친 수수점병 같기도 하고, 또 한 가지는 저기 종로로 올라서서 종각 모퉁이를 돌아서면 큰 드팀전[17]이 있는데, 그 드팀전에서 깔고 앉은 초방석 같기도 하다. (옴방망이로 먹중의 얼굴을 때린다.)

먹중 야야! 그것 참 듣던 중 반가운 소리다. 그 세 가지 중에서 아주 딱 필요한 것이 있구나.

옴중 무엇이 그렇게 딱 필요하단 말이냐?

먹중 내가 석삼년 열아홉 해를 굶어 시장기가 도는구나. 그러니 어디 실컷 뜯어 먹어보자. (노병거지를 두 손으로 잡고 이리저리 뜯어먹는 시늉을 한다.)

옴중 예끼, 이놈아! 이놈이 미친병에 걸렸나? 제아무리 석삼년 열아홉 해를 굶었기로서니 남의 의관[18]을 뜯어먹어. 이놈아!

먹중 네놈이 언제 의관이라고 했느냐? 빈대떡이라고 했지!

옴중 내가 언제 빈대떡이라고 했느냐? 빈대떡 같다고

17) 드팀전 : 이별이나 방석을 파는 곳. 포목점.

18) 의관(衣冠) : 옷과 모자

	했지.
먹중	얘, 그건 그렇고. 너 요 가장자리에 두른 것은 뭐냐?
옴중	옥루[19]다.
먹중	옳지! 두루미 잡는 거?
옴중	그건 옥노지, 이건 옥루야.
먹중	그럼 다시 한 번 보자.
옴중	그래라. 자~ 봐라.
먹중	요, 나풀나풀 거리는 거, 이건 또 뭐냐?
옴중	이걸, 네놈이 알면 아주 끔찍끔찍해진다.
먹중	얘, 그거 끔찍끔찍해도 좋으니 한 번 알아보자.
옴중	꼭 알려느냐?
먹중	암, 영락없이 알아야겠다.
옴중	이것은 (제자리에서 돌다가 먹중의 얼굴을 때리고는) 내가 저~기 대국사신[20]으로 들어가실 때, 나라에서 하사하신 어사화[21]라는 것이야.
먹중	하하하하. 이놈 보게. 제 대가리에 쓴 것이라고 아주 엄청나게 갖다 붙이는구나. 그래, 어디 어사화를 씌워 줄 데가 없어서 너 같은 개똥짜배기 같은놈 대가리에다 씌워 줬단 말이냐?
옴중	정말 나라에서 상사[22]하신 거다. 상사하신 거야.

19) 옥누(鈺糯) : 모자에 두른 장식품
20) 대국사신(大國史臣) : 중국으로 가는 임금의 특사
21) 어사화(御賜花) : 조선 시대에 문과와 무과 과거에 급제한 사람에게 임금이 내리던 종이로 만든 꽃
22) 상사(賞賜) : 상으로 물건을 내려 줌

먹중　나라에서 상사하신 거야? 더더군다나?

옴중　암, 틀림없지. 그걸 다시 말해 무엇하겠느냐?

먹중　그럼 다시 한 번 보자.

옴중　그래라. 자, 봐라. (머리를 내민다.)

먹중　(두 손으로 옴중의 얼굴을 만지작거리며) 어이쿠! 이런 상판데기가 있나. 얼굴은 어찌 이 모양이냐? 광[23]은 한 자 두 치[24]요, 장[25]은 두 자 세치며, 울퉁불퉁하고 골창골창하고 노릇노릇하고 파릇파릇하고 히끗히끗하니 이건 대체 또 뭐냐?

옴중　이놈은 자벌레[26]가 중패질을 해서[27] 점지했나. 재기는 뭘 그렇게 재! 이것은 저~기 먼 (돌다가 먹중 얼굴을 때리고는) 강남[28]에서 나오신 호구별성님[29]께서 인물추심[30]하실 때, 인물 같은 인물을 보시고 어른 같은 얼굴에 잠깐 전좌[31]해 계신 것이다.

먹중　허! 이놈 참 엄청난 놈이로구나. 그래, 호구별성께서

---

23) 광(廣) : 평면이나 넓은 물체의 가로를 잰 길이로, 여기서는 얼굴의 너비
24) 자, 치 : 한 자는 30cm이고, 한 치는 2.5cm
25) 장(長) : 사물의 길이로, 여기서는 얼굴의 세로 길이
26) 자벌레 : 자벌레나방의 애벌레. 몸은 가늘고 긴 원통형이며 발은 앞쪽에 세 쌍, 뒤쪽에 한 쌍이 있고, 중간에는 없다. 꼬리를 머리 쪽으로 오그려 붙이고 몸을 앞으로 펴면서 기어 다닌다.
27) 중패질하다 : 몸을 자꾸 움츠렸다가 폈다가 하다.
28) 강남 : 천연두 신들이 산다는 신화 속의 나라.
29) 호구별성(戶口別星) : 집집마다 찾아다니며 천연두를 옮기는 마마신
30) 인물추심(人物推尋) : 도망간 사람을 샅샅이 뒤져서 찾음.
31) 전좌(殿座) : 임금이 정사를 보거나 관원들의 하례를 받기 위해서 옥좌에 나와 앉는 일.

	어디 전좌할 데가 없어서 너 같은 개얼굴에 전좌해 계신단 말이냐.
옴중	너, 모르는 일이면 말을 하지 마라. 호구별성님께서 인물추심하실 때, 양반 상놈 가리지 않고, 너 같은 상놈의 얼굴에도 전좌해 계시고, 나 같은 양반의 얼굴에도 전좌해 계시는 거다.
먹중	옳거니! 호구별성님께서 방방골골 면면촌촌을 돌아다니시며 너 같이 개똥짜배기 얼굴에도 전좌해 계시면, 나 같은 양반의 얼굴에도 전화해 계신다. 그런 말이지?
옴중	암. 딱 그 말이지. 두 번 말할 필요 없지.
먹중	얘, 얘! 그러면 다시 한 번 보자.
옴중	그래. 자, 봐라. (얼굴을 내민다.)
먹중	(양손으로 옴중의 얼굴을 만지작거리며) 어이구! 여러분, 모두 보십시오. 이놈이 호구별성님이니, 마마님이니, 그 무슨 어사화니, 옥루니, 별의별 개수작을 다 하더니, 어디서 진옴[32]을 잔뜩 옮아가지고 왔어. 내 이놈하고 놀다가는 옴이 옮겠다. 어이쿠, 가려워. 어이쿠, 가려워. (전신을 긁으며 뒷걸음질을 친다.)
옴중	저놈 보게. 저놈이 여태까지 날 가지고 용천지랄을 하고 뺐다 박았다 별 개지랄을 다하더니, 이젠 할 말

32) 옴 : 옴벌레가 옮아 붙어서 생기는 전염 피부병으로 진옴은 옴에 급성 습진이 함께 나온다.

이 없으니까, 뭐? 나한테서 옴을 옮았다고? 야, 이놈아. 옮길 뭘 옮아! (뒷걸음질을 쳤다가 양팔을 벌리고 앞으로 나서며)

먹중　(양팔을 벌리고 앞으로 나서며) 옴을 옮겨!

옴중　(양팔을 벌리고 앞으로 나서며) 누가 옮겨!

먹중　(양팔을 벌리고 앞으로 나서며) 네가 옮겨!

옴중　(양팔을 벌리고 앞으로 나서며) 뭘 옮겨?

먹중　(옴중 얼굴을 만지작거리며) 아니다, 아니다. 빤빤하다, 빤빤해. 아주 대패로 싹싹 민 것 같다. (뒤로 물러선다.)

옴중　(뒤로 물러서며) 그러면 그렇지. 뭐, 내가 옴을 옮겼다고?

먹중　아, 그놈. 참 고약한 놈 다 보겠다. 오늘 웬 못된 도적놈을 만나니 재수라고는 한 푼어치도 없는 날이로구나. 얘, 이놈아. 그러나 저러나 너 하던 지랄은 다 했느냐?

옴중　어느 지어미 붙을 놈이 하던 지랄을 다 해.

두 사람이 서로 싸움을 하려고 깨끼춤을 추다가 먹중이 옴중을 때려 내쫓는다. 그리고 먹중이 혼자 춤을 추고 퇴장한다.

먹중　예끼! 이놈. 허, 그놈 참. 아주 엄청난 놈이로구나. 저놈이 나 보다 차포오졸을 더 하는 놈이야.
(깨끼춤을 한바탕 추며)

금강산이 좋단 말을 풍편에 넌즛 듣고
장안사를 쑥~ 들어서니
난데없는 검은 중놈이
8대 장삼을 걸쳐 입고서 흐늘거린다.

4) 제4과장 : 연잎과 눈끔적이

도가 높은 고승인 연잎이 살아있는 생명체를 모면 모두 죽기 때문에 부채로 얼굴을 가리고 나온다. 눈끔적이는 연잎이 부채로 춤을 출 때, 잡귀가 범접하지 못하도록 보필하면서 주변에 얼쩡거리는 먹중들을 쫓아내고서 춤을 춘다. 눈끔적이가 먼저 퇴장하고, 연잎은 혼자 여러 춤을 추고 난 뒤 퇴장한다.

상좌 2명, 먹중 4명, 옴중이 깨끼춤을 추면서 입장해서 무대 한쪽에 반달형으로 선다. 연잎과 눈끔적이는 5~6보 가량 장중으로 들어선다. 연잎은 앞에서 부채로 얼굴을 가리고, 눈끔적이는 뒤에서 장삼 자락을 잡아 연잎 머리 위에 얹어 얼굴을 가리고 섰다가 장삼으로 자기 얼굴을 가리기도 한다.

원먹중 애들아. 저기 저기좀 건너다 봐라. 저기 괴상한 것이 나타나 계시는구나. (첫째 상좌를 가리키며) 네가 가서 보고 오너라.

상좌가 손뼉을 쳐서 삼현을 청한다. 두루치기, 고개잡이, 깨끼춤, 멍

석말이를 추면서 연잎 앞에 가서 보는데, 연잎이 부채를 내리자 상좌는 깜짝 놀라며 달려온다. 삼현 중지.

옴중　　예끼! 이 못난 놈. 백골이 다된 녀석이 무엇이 무서워서 그리 놀라느냐? (둘째 상좌를 가리키며) 네가 가서 보고 오너라.

둘째 상좌도 손뼉을 쳐서 삼현에게 장단을 청한다. 첫째 상좌와 같은 행동으로 연잎 앞에 갔다가 기절초풍을 하며 달려온다. 삼현 중지.

완보　　어디? 어이쿠! 정말 괴상한 것이 있구나. 어디 네가 가서 한 번 알아보고 오너라. (원먹중을 가리키며) 이번에는 네가 한 번 갔다 오너라.

원먹중　　그래라.
(타령조로)
"달아달아, 밝은 달아. 태백이 죽어서 비상천하고"
(깨끼춤을 추며 장을 한 바퀴 돌고 연잎 앞에 가서 고개잡이를 한다. 이때 연잎이 얼굴을 가린 부채를 살짝 내리고, 눈끔쩍이가 장삼자락을 들어올린다. 이에 놀라서 멍석말이로 도망가며 호들갑을 떤다.)
얘, 얘, 얘. 말 마라. 큰일 났다. 아주 엄청난 것이 내려왔다. 산중의 대망이[33]가 분명하더라. 아주 끔찍!

---

33) 대망이 : 아주 큰 구렁이

끔찍하다.

완보 　예끼! 이, 못난 놈 같으니라고. 사내대장부란 것이 어지간한 것에도 사불범정[34]인데, 대체 뭘 보고 무서워서 기절초풍을 하느냐. 어이구, 어이구, 호들갑을 떨고 지랄이냐. 에라 이, 꿈에서 뜸물에 만든 자식[35] 같으니라고. (옴중을 가리키며) 너 밖에 없다. 이번에는 네가 가서 한 번 보고 오너라.

옴중 　좋다. 그러자. (손뼉을 쳐서 장단을 청하고)
"녹수청산 깊은 골에 청룡황룡 꿈트러지고"
(깨끼춤을 추며 연잎 앞으로 간다.)

눈끔적이가 가리고 있는 장삼자락을 휙 걷어 재낀다. 연잎과 눈끔적이가 깜짝 놀라고 먹중들을 잡으려고 이리저리 쫓아다닌다. 혼비백산한 먹중들은 이리저리 도망 다니며 뿔뿔이 흩어져서 퇴장한다. 연잎은 사방으로 돌아다니면서 연풍대 춤을 춘 다음 장단을 바꿔서 개끼춤을 추고 퇴장한다. 눈끔적이는 장중을 돌며 돌단춤을 추고 퇴장한다.

5) 제5과장 : 팔먹중 과장

염불놀이, 침놀이, 애사당 법고놀이의 3경으로 이뤄진다. 종교의 타

---

34) 사불범정(邪不犯正) : 옳지 못한 것이 옳은 것을 범하지 못한다.
35) 뜸물에 만든 놈 : 싱거운 사람을 말하는데, 뜸물이 마치 정액 색깔과 비슷함을 비유한 것.

락과 인신매매 등 서민 생활의 비참함과 애환을 보여준다.

(1) 제1경 : 염불놀이

타락한 불교의 모습을 풍자하고자 스님행세를 하는 완보와 먹중들이 재담, 염불, 가사, 소리 등으로 보여준다. 타락한 파계승은 자신들이 중이지만 사실은 오입쟁이라고 말하고, 완보가 염불을 요구하자 신분에 맞지 않은 언어적 유희로 비속한 말장난을 한다. 그리고 백구타령, 염불, 독경과 덕담을 하고 퇴장한다.

옴중	(깨끼춤을 추며 나온다) "녹수청산 깊은 골에 청룡황룡이 꿈트러지고!"

나머지 먹중들이 깨끼춤을 추며 삼현청 맞은편으로 가서 반달형으로 선다.

완보	(옆구리에 꽹과리를 차고 나와) "양양소아 재백수하니 난가쟁창 백동제라." (깨끼춤을 추며 나가 먹중들 앞에 가서 손을 들어 삼현을 중지시킨다) 얘, 이놈들아. 너희들은 대관절 명색이 무엇이냐?
먹중들	(다같이) 중이다.
완보	중이면 절간에서 염불이나 하고 있을 것이지, 여기 떵꿍하는 인가에는 왜 몰려왔느냐?

옴중	애, 애. 너 모르는 소리 마라. 우리가 겉은 중이지만, 속은 아주 멀쩡한 오입쟁이 중들이다.
완보	옳거니! 아무리 오입쟁이 중이래도 중이면 중 행세를 해야 하는 법. 그러니 우리 염불이나 한 번 해보자.
먹중들	그러자!
완보	그럼 내가 먼저 염불을 할 테니 따라 해라. (꽹과리를 꺼내어 치면서 노랫조로) 나무아미타불- 나무아미타불-
먹중둘	나무아미타불- 나무아미타불-
모두	나무아미타불- 나무아미타불-
옴중	(다른 먹중들은 중지하고 옴중만 앞으로 나오면서) 나무에미도타불- 나무할미도타불- 나무에미도타불- 나무할미도타불-
완보	(물끄러미 들여다보다가 꽹과리채로 옴중 얼굴을 때린다.) 예끼, 이놈아. 이 몹쓸 놈아. 염불을 할 것 같으면 나무아미타불- 나무아미타불- 해야지. 그래, 나무에미도타불- 나무할미도타불-. 세상에 그런 염불이 어디 있느냐? 이게 불도를 깎아내리는 짓 아니냐.
옴중	애, 애. 너 모르는 소리 하지 마라. 우리는 너보다 도가 한-층 높아서 나무에미도타불- 나무할미도타불- 이렇게 한다.
완보	옳거니. 너희들이 나보다 도가 한-층 높아서 나무에

미할미타불 한단 말이지?

옴중 암. 그렇고말고.

완보 나는 한 층 낮고?

옴중 그렇지.

완보 이놈이 떵꿍하는 인가에 내려와서 몽땅 덧이 났구나. 덧이 났어. 얘들아. 우리가 겉은 중이지만 속은 멀쩡한 오입쟁이 중이라고 했으니, 어디 이번에는 가사나 한 번 해보자.

옴중 그러자. 그것 좋다. 우리가 다 배운 거니 해보자.

모두 (가사조로)

"단풍은 반만 들고 시냇물은 푸르렀다.

방방이 단풍이요, 골골마다 산국화라."

완보 자, 어떠냐?

옴중 참 멋있다. 우리가 겉은 중이라지만, 속은 아주 멀쩡한 오입쟁이가 분명하구나.

완보 암, 분명하고말고. 얘, 얘, 얘.

옴중 왜 그래?

완보 우리가 그것만 해서 되겠느냐? 허니 이번에는 백구타령을 한 번 불러보자.

옴중 그것 참 좋다. 한 번 해보자.

완보 그야 이를 말이냐. 그럼 내가 먼저 할 테니 따라들 해라.

모두 (노랫조로)

"백구야, 껑충 나지 마라.

너를 잡을 내 아니다.
성상[36]이 버리심에
너를 쫓아 예 왔노라.
오류춘광 경중한데,
백마금편 화류갈까."

옴중 어느 지에미 붙을 놈이 하루를 가? 이틀 사흘도 가지.
(깨끼춤을 추며)
"녹수청산 깊은 골에 청룡황룡이 꿈트러지고!"

완보 얘, 얘, 얘. 마라마라. 이 철없는 녀석아.

옴중 어느 지에미 붙을 녀석이 남이 신이 날만 하니까 마라마라 해?

완보 야, 이놈아. 우리를 두고 혼자 껑충 뛰어 나가니 그게 무슨 안갑할 짓이냐? 다시는 그러지 말고 우리 한 번 같이 해보자.

모두 "삼청동, 화계동, 도화동도 동이온데,
동소문 밖을 썩 나서서 안암동도 동이요,
경상도로다 썩 내려서서 모시 닷 동, 베 닷 동,
충청도로 올라서서 명지 닷 동, 명주 닷 동,
사오이십 스무 동을 돌돌 말아 짊어지고
문경새재 썩 넘어서니 난데없는 도적놈이…."

옴중 "난데없는 도적놈이, 소상반죽 열두 마디를 후리쳐

36) 성상 : 임금

잡고서!”
(깨끼춤을 춘다.)

완보 애, 애, 애. 마라, 마라. 그게 무슨 안갑할 짓이냐!

옴중 저놈은 꼭 남이 신이 날만하면 마라마라 하니 그게 무슨 안갑할 짓이냐?

완보 중이면 독경이나 하지. (혼자 부른다)
“세존님께 자손창성 발원하자.
어느 자손 발원하나.
상남에는 서방님, 중남에는 도련님,
어깨 너머로 설동자, 귀한 애기 길러낼 제
일 년은 열두 달, 과년은 열석 달
일 년 내내 태평이 무사히 - 이헤 -!

모두 아흐에 에로구나 -!

완보 야! 우리 중들이 늘어나서 암만해도 절간 안이 좋지 못하겠다. 세속의 말에 절간 안이 좋지 못하면 부처님 개금 잡수신다는 말이 있는데, 우리 절간에는 시비가 없어야 하는데, 모두 이렇게 각각이니 이거 되겠느냐? 허니 이번에는 절에 대해 덕담이나 한마디 해야겠다.

옴중 그것 좋은 말이지.

완보 (꽹과리를 치면서 노랫조로 덕담을 한다.)
“해동은 조선국이라 삼십칠 관 걸렸구나.
이씨 한양 등극한 때 봉황이 넌즛 걸렸으니
봉황을 눌러 대궐 짓고, 대궐 밖은 육조로다.

육조 밖에는 오명문, 각 도 각 읍을 마련할 제
왕십리 청룡이요, 동구재 만리재 백호로다.

이씨 부인 마마께서 물아래 출입 하옵신다.
어떤 배를 잡아타나.
나무배를 잡아타니 나무라고 썩어지고
돌배를 잡아타니 돌이라고 가라앉고
흙토선을 잡아타니 흙이라고 풀어지고
종이배를 잡아타니 종이라고 미어지고
무쇠배를 잡아타니 무쇠라고 봉이 솟네.

뒷동산에 올라가서 연잎 댓잎 조르르 훑어
홍공단으로 선을 돌려 금성지간에 돛을 달아
앞으로는 앞 사공, 뒤로는 뒷 사공
좌우 옆에는 목사공, 한가운데는 화장애비
그건 그대로 하거니와
의주 압록강 썩 건너서 의주구경을 나갔네.

의주부인 마마께서 자손창성 발원일세.
어떤 자손 발원인가
상남에는 서방님, 중남에는 도련님
하남에는 옥동자, 어깨 너머로 설동자
가지 붙듯 오이 붙듯, 무럭무럭 자라나
그 애기 점점 자라 일곱 칠 세 되었구나.

글자를 가르치자, 어떤 글자를 가르치나.
천자유학 동몽선습, 시전, 서전, 맹자, 논어 다 통하고
한양성내 만과 본다는 말을 바람풍편에 넌즛 듣고
방자놈의 거동보소, 마구삼간 뛰어들어
서산나귀 끌어내어 솔질을 쌀쌀,
말안장이며, 달안장에 술구반장을 번쩍 띠어

도련님 치장 볼작시면,
동대피레는 만지작 청사도포, 흑사도포,
흑운 같은 검은 머리, 반달 같은 화룡소,
홀홀 솔솔 빗겨서 쟁반같이 넓게 땋아서,
궁초댕기 사각 물며, 맵시 있게 들여놓고,

애기치장 볼작시면, 열두 폭은 나들이 치마
일곱 폭은 동자 치마, 세 폭 네 폭은 행주치마
가위 밥으로 남은 것은 골무 깍지 마련하고
백지를 옆에 끼고 시지를 품에 끼고
원앙청청 걷는 말, 안부담에 집차 타고
한양 성내를 썩 들어서서 광화문턱 당도했네.

광주 분원 당사기 연적에 물 한 방울 떨어뜨려
부용당에 먹을 갈아 황모무심 방 출두를
백문설화 간지 상에 이리저리 그려놓으니,
그 글 한 장이 으뜸일세.

	어른 광대를 저를 불고, 아이 광대는 춤을 추고
	동네방네 뛰어 드니, 예전 놀던 친구 내다보고
(합창)	저런 경사가 또 어디 있나."
	에헤~ 에헤요~
옴중	"낙일이 욕몰현산서 도착접이 화하미라."

옴중이 불림을 부르며 깨끼춤을 추며 퇴장하고, 나머지도 옴중을 따라 나간다. 완보는 맨 마지막으로 따라 나간다.

(2) 제2경 : 침놀이

아버지 역의 말뚝이가 완보를 만나 산대 구경을 나온 자식들이 술과 음식을 함부로 먹어 죽게 되었다며 도움을 청한다. 완보가 의사 역의 신주부를 불러 차례로 침을 놓아 살려낸다. 자식들이 되살아나 차례로 춤을 추며 퇴장한다. 신주부와 말뚝이 완보도 춤을 추며 퇴장한다. 여기서는 먹고 살기 어려운 서민들의 생활상을 보여준다.

말뚝이가 불림을 부르며 아들, 손자, 증손자를 데리고 깨끼춤을 추면서 등장하여 반달형으로 선다. 완보도 따로 불림을 부르며 깨끼춤을 추면서 나와 한쪽에 가서 손을 들어 삼현을 중지시키고 선다. 이때 신주부는 삼현청 앞에 미리 나와 앉는다.

말뚝이	(완보 앞으로 가서) 이야잇!
완보	야잇!

말뚝이　　너 참 잘 만났다.

완보　　네 목소리를 들어보니, 무슨 옹색한 일이라도 있는 게로구나?

말뚝이　　있다 뿐이겠느냐? 다름이 아니라 여기서 산대를 논다 해서 내가 아들, 손자, 증손자, 나까지 4대가 구경을 나왔는데……

완보　　너까지 4대가 나왔어! 그럼 나는 네 5대조 할아버지가 분명하겠구나.

말뚝이　　아무튼 떵꿍하는 데를 4대가 나왔는데, 이 녀석들에게 돈 푼씩 줬더니, 어디 가서 뭔가 함부로 사 먹고, 관격[37]이 되어 급살[38]로 다 죽게 되었으니 이 일을 어찌하면 좋으냐? 여기에 강근지친[39]도 없는데, 번화지시[40]에서 너를 만나니 불행 중 다행이다. 너는 나보다 아는 것이 많으니 어서 가서 좀 고쳐다오.

완보　　허허! 그것 참 막연하구나. 너도 알겠지만 내가 무슨 의사도 아닌데, 의술이 있기를 하겠느냐. 오죽이나 막막했으면 내게 그런 소리를 하겠느냐. 아무튼 대단히 급한 모양이로구나.

말뚝이　　그야 다시 이를 말이겠느냐.

완보　　친구 일이라 생각하면 안 가 볼 수가 있겠니. 그래,

---

37) 관격 : 음식을 급하게 먹고 체해서 대소변을 보지 못하는 병
38) 급살 : 급히 죽음
39) 강근지친(强近之親) : 가까운 친척
40) 번화지시(繁華之地) : 번성하여 화려하고 우아한 밤거리

가 보자. 아직 죽지는 않았느냐?

말뚝이 죽었는지, 살았는지 모른다. 그러니 네가 빨리 가서 봐줘야겠다.

완보 생사도 모르고 왔느냐? 아무튼 어서 가자. 어디에 있느냐?

말뚝이 저기에 있으니 어서 가자.

완보 (병자들을 보고 나서) 야, 이거 벌써 삼년 묵은 조개젓 썩는 냄새가 나는구나.

말뚝이 그새 썩었을까.

완보 아, 글쎄 죽었는지, 살았는지 알 수가 없구나.

말뚝이 아직 죽지는 않았을 거다. 한 번 만져봐라.

완보 (먹중을 가리키며) 얘 얘, 이놈 술 좋아하니?

말뚝이 술독에 빠져죽어도 원이 없는 놈이다.

완보 그럼 이 동네에 양조장도 있겠구나?

말뚝이 양조장 있다.

완보 이놈은 술독에 거꾸로 빠져죽은 자식이다. 얼굴이 시뻘건 것이 죽어도 술에 아주 잔뜩 취했으니, 아직 깰 날이 멀었다. (옴중(손자)을 가리키며) 또 얘는 얼굴이 어찌 이 모양이냐? 아주 그냥 오뉴월 삼복더위 땡볕에 다 썩어놓은 것 같구나. 얘, 그나저나 이 동네에 잔치집이 있느냐?

말뚝이 잔칫집 있지.

완보 초상집도 있느냐?

말뚝이 사람이 이렇게 많은데 잔칫집, 초상집이 없겠느냐?

완보	애가 잔치집이며 초상집이며 함부로 드나들어서 잔칫집에 가서는 주당살[41]을 맞고, 초상집에 가서는 아주 웬 못된 상문이 동해서 상문살[42]을 맞았어. 애는 두 가지 병에 걸려서 죽었는데, 머리를 흔들어 보니 굳은지가 아주 여러 해 됐구나. (상좌(증손자)를 가리키며) 이건 그렇고, 애애, 요것 참! 애는 나이가 올해 몇 살이냐?
말뚝이	열댓 살 됐다.
완보	열댓 살 됐단 말이지. 그럼 음통[43]했겠구나.
말뚝이	그거야 어찌 알 수 있겠느냐.
완보	야! 요놈이 새큰새큰한 바람이 불 나이라서 산천무조개[44] 용두래질[45]이 재려서 음마등병[46]이 걸려 죽었구나. 애는 죽은지가 여러 백년이 되었다. 얼굴이 백골이 다 된 것이 아주 허연 뼈다귀만 남았어. 이건 아무리 용한 의원이라도 못 고친다.
말뚝이	그러니 널 부른 거지. 날 봐서 좀 고쳐다오.
완보	그러나 저러나 너의 부리가 어떤 부리냐?
말뚝이	무당에 부리다. 우리 증조할머니, 할머니, 어머니 삼

41) 주당살(周黨殺) : 잔치집이나 산소에 들렀다가 잡귀가 붙어서 얻은 병. 몸이 그냥 아프고, 아무것도 못할 지경에 이름.

42) 상문살(喪門殺) : 초상집에 가서 얻은 괴살로 식중독이나 술병 따위를 말한다.

43) 음통(陰通) : 아무도 모르게 간통함

44) 산천무조개 : 여자의 성기

45) 용두래질 : 남자가 자위행위를 하는 행동을 이르는 말

46) 음마등병 : 옴마정병의 방언. 여자를 알게 되어 얻은 마음의 병. 상사병.

	대가 몽땅 무당일세.
완보	그러면 화랭이 집구석이로구나. 걱정할 것 없다. 이젠 고친 거나 다름없다. 내가 이놈들을 보아하니 신명을 풀지 못해 죽은 것 같은데, 백구타령 한 판을 도르르 말아 양귀에다 콱 박아주면 살아날 수도 있다.
말뚝이	애, 그러면 그 신명풀이를 한 번 해보자. 살면 요행이고, 죽으면 할 수 없고.
완보	어! 이것 참. 큰일 났구나. 나야말로 이거 실없이 큰 떼거리를 만났구나. 애, 그러면 얘들이 혹 나아서 떵꿍하는데 신명에 미쳐서 혹 신명에 체했을 런지 알 수 없으니, 그럼 백구타령을 할 테니 지랄마라. 그래도 살아날 가망이 없으면 나도 할 수 없다.
말뚝이	지랄 안 할 테니 한 번 해봐라.
완보	(허리춤에서 꽹과리를 치며 노랫조로) "백구야, 껑충 나지 마라. 너를 잡을 내 아니다. 성상이 버리시니 너를 좇아 예 왔노라. 오류춘광 경중한데, 백마금편 화류갈까."
말뚝이	(신이 나서 따라하며 깨끼춤을 춘다) 이, 어느 제미 붙을 놈이 하루를 가. 이틀, 사흘도 가지. (불림으로) "소상반죽 열두 마디를 후리쳐 잡고서."

완보	얘, 얘, 얘. 마라, 마라. 이 철없는 녀석아. 내가 이럴 줄 알았다.
말뚝이	허. 이놈은 남이 신이 날만 하면 마라마라 하니, 그게 무슨 안갑할 짓이냐?
완보	얘, 이놈아. 너도 나잇살 헛먹었지. 자식들을 떵꿍하는데 데리고 나와서 이렇게 모두 죽여 놓고, 막막해서 나한테 청하러 와서는 나하고 둘이서 의논껏 살려내자고 하는 놈이, 내가 백구타령하는데 너는 뭐가 좋다고 그렇게 신아 나서 지랄을 하느냐?
말뚝이	그건 네가 모르는 말이다. 자식새끼들 다 죽어도 신명이 나는 걸 어떡하란 말이냐!
완보	신명이 나?
말뚝이	암, 영락없지.
완보	얘들이 살아나려고 손가락 발가락 끝을 꼼지락꼼지락 거리는 중인데, 네놈이 지랄을 하는 바람에 도로 요지부동이다. 이를 어쩌냐? 나는 이제 못 고친다.
말뚝이	얘얘. 그러지 말고 날 봐서 좀 고쳐다오.
완보	나는 못 고친다. 이놈들을 살리려면 여기 잿골에서 살다 먼지골로 이사 가신 신주부가 계시다. 그 신주부로 말할 것 같으면, 성이 신씨가 아니라 죽은 사람도 살려낸다고 해서 새로울 신(新)자 신주부로 그 의술이 용하다고 소문이 자자하니, 너 가서 신주부를 모셔 오너라.
말뚝이	가 봐야 옳을까?

완보	그야 다시 이를 말이냐.
말뚝이	갔다가 없으면 어떡하느냐?
완보	이런 제에미 붙을 놈 같으니라고. 그거야 가 봐야 알지.
말뚝이	헛걸음이나 안 했으면 좋겠는데.(신주부를 모시러 간다. 장내를 돌다가 악사석으로 가서) 얘들아, 여기 잿골서 살다 먼지골로 이사 오신 신주부 댁이 어디냐?
악사	저리로 가 봐라.
말뚝이	(완보에게 와서) 얘얘. 난 안 간다.
완보	왜 그러느냐?
말뚝이	먼지골로 가다가 어느 산비탈에서 나무하는 아이가 하나 있기에 그 아이더러 잿골서 살다가 먼지골로 이사 오신 신주부 댁이 어니냐고 물으니, 요 녀석이 한다는 말이 "저리로 가 봐라" 하지를 않겠느냐. 내가 그 어린놈한테 해라 소리 듣고는 자식새끼 다 죽어도 난 안 간다.
완보	허허. 이런 바닥의 아들놈을 봤나. 이놈아. 해라가 아니라 개들이 따귀를 치며 가르쳐 준다고 해도 거길 가야지. 자식 살릴 생각을 해야지. 이놈아. 어디 좀 보자. 이런 빌어먹을 놈 같으니라고. 이렇게 맨 상투 바람으로 다니니 개가 너를 어른으로 알겠느냐. 애들로 알지. 얘. 내가 갔다 올 테니 잘 봐라. (악사석으로 가서) 얘들아. 여기 잿골서 살다가 먼지골로 이사

오신 신주부 댁이 어디냐?

악사 네. 저리로 가 보십시오.

완보 (말뚝이에게로 와서) 자, 봐라. 어떠냐? 나는 분명한 어른이 아니시냐. 사람이란 의관이 분명해야 어른 대접을 받는 거다.

말뚝이 그럼 내가 다시 가 봐야할까?

완보 암. 다시 가 봐야지.

말뚝이 (신주부에게 간다) 신주부? 신주부? 여보, 신주부?

신주부 어느 제에미 붙을 놈이 신주부가 숨이 넘어가는 줄 아나. 신주부? 신주부 하게. 내가 성이 신씨라서 신주부인줄 아나! 죽은 자도 살려 낸다고 해서 새 신자 신주부지. 그런데 웬일인가?

말뚝이 그런게 아니라 신주부를 찾아온 것은 다름이 아니라 내가 아들, 손자, 증손자, 나까지 4대가 떵꿍하는 데를 놀러 나왔다가, 이 녀석들에게 돈푼씩 줬더니 어디서 함부로 사 먹고 관격이 되어 급살로 다 죽게 되었으니, 어서 가서 좀 고쳐주오. 신주부 침의술이 용하다는 말을 듣고 왔으니 어서 가서 자식들을 살려 주오.

신주부 너희 4대가 나왔어?

말뚝이 그렇소.

신주부 너희 4대가 나왔으면 나는 너희 5대조 할아버지가 분명하구나. 그건 그렇고 너희가 내 침 아니면 절손[47]했을 거다. 어서 가자. 어서 가.

말뚝이 쳐라. (둘이 깨끼춤을 추며 병자들이 있는 곳으로 간다.)

신주부 그런데 걔들이 어디 있느냐?

말뚝이 저기에 있소.

신주부 어이쿠! 이것들은 죽은지가 여러 년 열아홉 해가 되었구나. 삼년 묵은 조개젓 썩는 냄새가 코를 쿡쿡 찌르는 걸 보니.

말뚝이 그래도 아직 죽진 않았소.

신주부 하! 요것 봐라. 요녀석 참, 깜찍히도 죽었다. 요녀석이 나이 열댓 살 된 녀석인데, 산천무조개 용두래질이 재려서 음마등병이 걸려 죽었구나. 이건 아무리 용한 의원도 못 고친다. (옴중에게 가서) 이놈 얼굴빛 봐라. 이 얼굴빛이 질부댕이빛[48] 같은 것이 이놈이 잔치집이며, 초상집을 함부로 드나들어 주당살에 상문살에 중복살[49]을 맞아 죽었구나. (먹중에게 가서) 아이고. 그놈의 자식. 얼굴은 광대뼈하고 잘 생겼는데, 얘가 술을 좋아하는구나. 술이 잔뜩 취해 죽었다. 꼭 오리나무 장승제물 취색[50]해 놓은 것 같다. 이건 별 재주 없다. 난 못 고친다. 나는 간다.

---

47) 절손(絶孫) : 자손이 없어 대가 끊어짐

48) 질부댕이빛 : 검고 붉은 색이 있는 나물 종류

49) 중복살 : 병이 겹쳐져 죽음

50) 취색(翠色) : 남색과 파랑색의 중간색

완보	저런 제에미 붙을 놈 같으니라고. 사람을 죽여 놓고 어딜 가? 매장을 하던지, 살려내던지 알아서 하시오.
신주부	이크! 이거 오늘 아주 큰 떼거리를 만났구나.
말뚝이	그러나 저러나 맥이나 좀 짚어보시오.
신주부	맥을 봐도 마찬가지다. (아들의 새끼손가락을 잡고) 이놈 어디에다 침을 놔야 하나.
완보	이런 제에미 붙을 놈 같으니라고. 목덜미에 찔러보시오. 일지, 이지, 삼지혈에 찌른다는데 이놈은 새끼손가락에다 놓으면 어떻게 살리겠다는 게야? 침을 어디다 놓을 줄 알면 내가 놓지 왜 너를 불러!
신주부	그건 네가 모르는 소리다. 얘들이 죽은지가 여러 해가 돼 놔서 온신의 피를 한데로 몰아 삼이절곡이라 삼십삼단 방광혈에다 제대로 찔러야 틀림없이 산다.
말뚝이	옳거니. 의술은 각각 다르니까 살려만 주시오.

신주부가 뒤에 가서 아들, 손자, 증손자에게 차례로 침을 찌르면, 먹중과 옴중은 침을 맞고 불림을 부르며 춤을 추고 나가지만, 상좌는 손뼉을 쳐서 장단을 청해 춤을 추며 퇴장한다.

신주부	자, 봐라. 어떠냐? 저렇게 멀쩡하게 살아나질 않느냐? (불림을 부르며 깨끼춤으로 퇴장한다.) "양양소아 재백수하니 난가쟁창 백동지라"
말뚝이	얘얘, 내가 너 아니었으면 아주 절손을 할 뻔했다.

완보	아무렴. 그야 이를 말이냐. 넌 나 아니면 아주 절손했다.
말뚝이	"금강산이 좋단 말을 풍편에 넌즛 듣고."

두 사람이 맞춤을 춘 다음 갖자 반대방향으로 퇴장한다. 퇴장할 때는 빗사위로 나간다.

(3) 제3경 : 애사당 법고놀이

애사당은 춤을 추고, 말뚝이와 완보가 북을 치며 재담을 보여준다. 왜장녀가 자신의 딸 애사당을 데리고 등장하여 돈 열 냥에 흥정하고, 말뚝이가 왜장녀에게 술상을 차려오라고 한다. 애사당이 법고를 치며 춤을 추자 말뚝이는 애사당을 탓하며 법고를 빼앗고 쫓아낸다. 말뚝이와 완보가 서로 법고치기를 하는데, 법고를 낮게 잡거니 방향을 바꿔서 치지 못하도록 놀린다. 서로 상대방을 탓하다가 둘이 타령곡에 맞춰 춤을 추며 퇴장한다. 이 과장에서는 희노애락을 보여주는 왜장녀의 배꼽춤 등 서민생활의 애환과 인신매매 등 사회의 타락상을 보여준다.

원먹중 꽹과리, 가먹중 제금, 둘째상좌 징, 가먹중 북, 가먹중 북을 든다. 옴중, 완보, 말뚝이 등의 팔먹중이 풍물로 굿거리장단을 요란하게 치면서 춤을 추며 등장하고, 왜장녀와 애사당이 반대편에서 나와 선다.

완보 (등허리에 꽹과리를 차고 춤을 추며 등장하여 풍물 장단을 중지시키고) 얘, 이놈들아. 너희들은 밤낮 이렇게 먹고, 뛰고, 놀고, 지랄하면 한 세상 다 사는 줄 아느냐?

옴중 얘얘, 너 모르는 소리 하지 마라. 세상에 먹고, 뛰고, 놀고, 지랄하는 것보다 더 좋은 게 또 어디 있느냐?

완보 아무리 먹고, 뛰고, 놀고, 지랄하는 것도 좋지만, 늙으신 노인 죽지 않고, 젊은 홍안 죽지 않게 하느님 전으로 등장이나 한 번 가보자.

먹중들 그러자.

완보 그럼 내가 부를 테니 따라 해라.

모두 "등장 가세. 등장 가세.
그 무삼 연유로 등장 가나.
늙으신 노인은 죽지 말고,
젊은 홍안은 늙지 않게
하느님 전으로 등장 가세."

노래가 끝나면 먹중들은 바로 왜장녀 장단을 친다. 왜장녀는 옴방망이를 손에 들고 미친 듯이 뛰어나와 먹중들의 얼굴을 때리고 말뚝이를 향해 선다.

말뚝이 (손짓으로 왜장녀를 부른다.)

왜장녀 (이리저리 뛰다가 말뚝이 앞으로 가서 말뚝이를 때리고 선다.)

말뚝이	얘, 이년아! 이게 무슨 안갑할 짓이냐? (애사당을 가리키며) 저-기, 쟤가 누구냐?
왜장녀	(딸이라고 대답한다.)
말뚝이	그래. 그럼 저런 딸이 집에 또 있느냐?
왜장녀	(그렇다고 고개를 끄덕인다.)
말뚝이	몇이나 더 있느냐?
왜장녀	(열 손가락을 펴 보인다.)
말뚝이	아이쿠! 열씩이나 된단 말이냐? 네 년의 집안도 볼장 다 본 집안이로구나. 내가 돈 닷 냥을 줄 테니 예쁜 딸 내게 하나 팔아라.
왜장녀	(그렇게 하겠다고 고개를 끄덕인다.)
먹중들	(왜장녀 장단을 친다.)
왜장녀	(장단에 맞춰 애사당에게 가서 돈을 많이 줄 테니 말뚝이에게 가겠냐고 묻는다.)
애사당	(돈이 적다고 하면서 돈을 더 주면 가겠다고 한다.)
왜장녀	(알겠다고 하고 말뚝이에게 가서 옴방망이로 때린다.)
먹중들	(풍물을 멈춘다.)
말뚝이	얘, 이년아! 왜 이러느냐?
왜장녀	(돈이 적어서 못 오겠다고 한다.)
말뚝이	돈 닷 냥이 적어? 그럼 닷 냥을 더해 열 냥을 줄 테니, 어서 가서 쟤를 데려 오너라. 이 집 팔아먹을 년아.(돈을 꺼내들고 장중으로 나가 왜장녀에게 준다.)
왜장녀	(돈을 받아들고 애사당에게 돈을 주고 말뚝이에게 데리고 간다.)

애사당	(왜장녀를 쫓아간다.)
완보	(애사당을 데려가지 못하게 빼앗아 온다. 두 번을 반복한다.)
왜장녀	(완보를 떼어놓고 말뚝이에게 데리고 가서 넘겨주고는 이리저리 뛰어 다니며 춤을 추면서 말뚝이와 애사당을 바라본다.)
말뚝이	(애사당과 춤을 추다가 업고는 한 바퀴 돌고 제자리로 가서 내려놓는다.)
애사당	(말뚝이와 춤을 추다가 업혀간다.)
말뚝이	(손짓으로 왜장녀를 부른다.)
왜장녀	(이리저리 뛰다가 말뚝이에게 가서 옴방망이로 얼굴을 때린다.)
먹중들	(풍물을 멈춘다.)
말뚝이	(왜장녀에게) 얘. 내가 술 한 순배를 낼 테니 어서 가서 안주 잘 해서 한상 차려오너라. 너는 꼼짝 말고 여기 있거라.
왜장녀	(고개를 끄덕이고 가먹중들에게 가서 북과 꽹과리를 머리에 얹어 이리저리 돌아다니다가 장중에 내려놓고 먹중들 앞으로 다니면서 앉으라고 손짓을 하고 한쪽에 가서 선다.)
완보	얘얘? 저기 저 어른부터 대접해라.
왜장녀	(술을 퍼서 말뚝이에게 가서 주는 척하다가 먼저 마신다.)
완보	저년이 저부터 처먹네.

말뚝이	저런 육시랄 년 같으니라고. 저년이 저부터 처먹는구나.

원먹중 꽹과리, 가먹중 꽹과리, 가먹중 징, 상좌 제금으로 굿거리장단을 치면서 퇴장하고 옴중과 가먹중은 북을 잡고 북놀이를 한다.

왜장녀	(애사당과 이별춤을 추고 퇴장한다.)
애사당	(왜장녀와 이별춤을 추고 옴중과 가먹중이 들고 있는 법고를 치며 법고춤을 추다가 말뚝이에 의해 쫓겨 나간다.)
말뚝이	(애사당이 들고 있는 법고채를 빼앗고 쫓아내고) 예끼! 안달할 년 같으니라고. 저년이 법고 치는 동네서는 살아보지도 못한 년이다. 법고라는 것은 벌거벗고 치는 것이 법고지. 그래 법고 치는 년이 바지, 저고리, 치마, 단속곳, 너른속곳 뭐 게다가 전복까지 탱탱이 껴입어? 요런 벼락을 맞아 죽을 년 같으니라고. 아이고, 저년 쫓겨 들어가는 걸음걸이가 어찌나 뒷물을 안 했던지 그저 걸음 걷는 대로, 예전 줄쌈지 찢는 소리가 쫘악쫘악쫘악 나는구나. 아이고. 저런 빌어먹을 년 같으니라고. 뭐? (노랫조로) 콩콩콩콩, 팥팥팥팥, 녹두녹두녹두녹두! 어른 법고 치는 걸 잘 봐라. 법고라는 것은 법고채를 양손에 이렇게 멋있게 갈라 쥐고, 요렇게도 치는 것

이고! 또 요렇게도 치는 것이고! 또 요렇게도 치는 것이다. 알겠느냐? (옴중과 가먹중의 얼굴을 때린다.)

옴중 애, 이놈아. 치라는 법고는 아니 치고 왜 남의 머리를 탕탕 치고 지랄이냐?

말뚝이 내가 법고를 한 번 쳐 볼 테니, 법고를 잘 들어라. 자, 친다!

옴중 쳐라!

말뚝이 친다?

옴중 쳐라!

말뚝이 (법고채를 두드리며 헛손질을 하며) 으르르르르[51]

완보가 옴중과 가먹중에게서 법고를 빼앗아 어깨에 멘다. 옴중과 가먹중은 퇴장한다.

완보 아, 저 좀 보게. 아, 저 놈 봐. 애애, 마라 마라. 애, 마라. 남의 흉을 보더니 법고 한 번 잘 친다. 이놈아. 아침 먹은 밥알이 곤두섰느냐? 왜 헛손질을 탕탕 하고 지랄이냐?

말뚝이 애 이놈아. 남은 한창 신이 나서 법고를 치는데, 왜 법고를 뺏느냐?

완보 나도 신이 나서 그랬다.

말뚝이 옳지. 너도 신이 나서 그랬단 말이지.

---

51) 으르르르르 : 신이 나서 입으로 내는 굴러가는 소리.

완보	암. 영락없지.
말뚝이	얘, 그러지 말고 내가 법고를 멋있게 쳐 볼 테니 법고를 잘 들어 봐라.
완보	옳지! 나더러 법고를 잘 들라고? 알겠다. 자, 쳐라! (북을 머리 위로 높이 든다.)
말뚝이	얘, 그거 어디 높아서 치겠느냐?
완보	얘, 이놈아. 높으면 사다리를 놓고 쳐!
말뚝이	얘, 그러지 말고 조금만 내려라.
완보	조금만 내리라고. 자, 쳐라!
말뚝이	조금만 더.
완보	자, 쳐라!
말뚝이	조금만 더.
완보	(땅바닥에 내려놓는다) 자, 쳐라!
말뚝이	이놈아. 이거 어디 낮아서 치겠느냐?
완보	네놈이 조금만 더, 조금만 더 하기에 할 수 없이 땅에 내려놨다. 이놈아, 낮으면 물구나무를 서서 쳐라!
말뚝이	그러지 말고 이걸 짊어지어라. (완보에게 짊어준다.)
완보	나더러 이걸 짊어지라고? 허! 이것 보게. 내가 이렇게 짐을 한 짐 잔뜩 지고 보니, 그 무슨 뜨내기 장사꾼이 된 것 같구나. 그러나저러나 기왕지사 이렇게 된 일, 어디 물건이나 한 번 팔아볼까? (북을 잔등이에 지고서 장중을 돌며) 헌- 가마솥, 봉 박으려[52]?

52) 봉박다 : 뚫어진 곳을 막다.

	이것 보게나. 사람이 이렇게 인성만성하고 만산편야한데, 홍전손[53]이라고는 노랑전[54] 한 푼 없구나. 그러나 저러나 뜸물에도 애가 든다고 하는데, 어디 다시 한 번 팔아보자. 헌-가마솥 봉 박으려?
말뚝이	(완보가 짊어지고 있는 북을 양손으로 힘껏 친다.)
완보	이크! 이게 웬일이냐? 어느 제에미 붙을 놈이 남의 물건을 함부로 쳐?
말뚝이	물건이면 이름이 있겠구나.
완보	암 있고말고.
말뚝이	그거 한 번 알아보자.
완보	네가 이걸 알면 미쳐 지랄을 해서 안 된다.
말뚝이	미쳐 지랄을 해도 좋으니, 한 번 알아보자.
완보	이것이 애명[55]은 북이고, 관명[56]은 법고라고 하는 것인데, 이것을 탕하고 한 번 칠 것 같으면 천지가 진동을 하고 웅장해. 세상에, 그런 멋이 없느니라. 네가 이 소릴 들으면 아주 미쳐 지랄을 한다.
말뚝이	얘, 그것 참 듣던 중 반가운 소리다. 대단히 좋은 물건이로구나. 내가 그걸 한 번 쳐 볼 테니 잘 짊어져라.
완보	옳지. 이걸 나더러 짊어지라고?

---

53) 홍전손(興錢巽) : 물건을 사고자 하는 손님

54) 노랑전 : 엽전

55) 애명(愛名) : 아끼며 좋아하는 이름

56) 관명(款名) : 물건에 정식으로 붙여준 이름

말뚝이	친다?
완보	쳐라!
말뚝이	친다?
완보	쳐라!
말뚝이	(헛손질을 한다) <u>으르르르르</u>
완보	(동쪽으로 자리를 바꿔 가서) 저 놈 보게! 저 놈 봐. 애애. 마라, 마라. 얘 마라. 점심 먹은 것이 관격이 되었느냐. 왜 그렇게 헛손질을 탕탕 하고 지랄이냐?
말뚝이	남은 한창 신이 나서 법고를 치는데, 왜 동쪽으로 달아나느냐?
완보	나도 신이 나서 그랬어.
말뚝이	보아하니 이놈이 아주 영리한 놈이야. 이번에 또 동쪽으로 달아나면 넌, 네 에미 붙은 놈이다. 친다?
완보	쳐라!
말뚝이	친다?
완보	쳐라!
말뚝이	(헛손질을 한다) <u>으르르르르</u>
완보	(북을 메고 서쪽으로 가서) 저 놈 보게, 저 놈 봐. 애애, 마라, 마라. 얘 마라. 저놈이 영락없이 헛손질이야.
말뚝이	이놈아. 이번에는 왜 서쪽으로 달아나느냐?
완보	허! 이놈 보게. 얘, 이놈아. 네놈이 동쪽으로 가면 나더러 내어미붙을 놈이라고 하길래 서쪽으로 갔다.
말뚝이	얘, 이놈 봐라. 이놈이 아주 대단히 팽팽한 놈이로구

나. 안 되겠다. 너 이번에 또, 서쪽으로 달아나면 넌, 그렇고 그런 놈이다.

완보　그럼 안 가면 되겠구나?

말뚝이　암. 영락없지. 친다?

완보　쳐라!

말뚝이　친다?

완보　쳐라!

말뚝이　(헛손질을 한다) 으르르르르. 얘, 이놈아. 이번에는 왜 또 뱅뱅 도느냐?

완보　네놈이 동쪽, 서쪽으로 안 가면 된다고 하니까 뱅뱅 돌았지.

말뚝이　이 놈 봐라. 이놈이 잠뱅이[57] 입고 대님[58] 칠 놈이로구나. 너 이번에 또 뱅뱅 돌면 내가 네 어미 붙어먹는다. 친다?

완보　쳐라!

말뚝이　친다?

완보　쳐라!

말뚝이　(헛손질을 한다) 으르르르르

완보　저 놈 보게. 저 놈 봐. 얘얘. 마라마라. 얘 마라. 그게 무슨 안갑을 할 짓이냐. 세상에 무슨 지랄을 못해 그런 지랄을 하느냐?

---

57) 잠뱅이 : 끝자락이 무릎과 발목 중간 정강이에서 끝나는 바지

58) 대님 : 바지 끝자락을 매는 끈

말뚝이	이놈아. 이번에는 왜 땅에다 내려놓느냐?
완보	하하하하! 원- 이런 아둔한 놈을 봤나. 네놈이 동쪽으로 가면 내가 내 어미 붙을 놈이고, 서쪽으로 가면 그렇고 그런 놈이다. 뱅뱅이를 돌면 네 놈이 내 어미 붙어먹을 놈이라고 하길래 어디 갈 데가 있어야지. 갈 데가 없어서 땅에다 내려놓았다.
말뚝이	이제 보니 이놈이 아주 대단히 팽팽하고 꼿꼿한 놈이로구나. 안 되겠다. 이놈을 꼼짝 못하게 가둬야겠다. 자, 봐라. (원을 그려서 완보를 가둔다)
완보	이 놈 보게나. 이놈이 날 가두네.
말뚝이	너, 이 금 안에서 놀아야지, 만약에 이 금 밖으로 나가면 너 내 아들놈이다.
완보	옳겠다. 이 금 밖으로 나서면 네 아들놈이야?
말뚝이	그야 다시 이를 말이냐.
완보	(금을 내려다보고는) 아하하하하! 여러분. 다들 보십시오. 대체 어느 놈이 지금 이 금 밖에 서 있습니까?
말뚝이	(금을 내려다보고는) 아하하하하! 이거 내가 망신을 당했구나. 너만 알고 있거라.
완보	(뒷걸음질을 하며 북을 내던지며) 얘, 이놈아. 그러나 저러나 너 하던 지랄은 다 했느냐?
말뚝이	(뒷걸음질을 하며 법고채를 내던지며) 어느 제에미 붙을 놈이, 하던 지랄을 다 해! "금강산이 좋단 말을 풍편에 넌즛 듣고!"

완보 저 놈 보게, 저 놈 봐.

두 사람이 깨끼춤을 춘다. 말뚝이는 완보에게 매를 맞고 쫓겨나가고, 완보는 말뚝이를 내쫓고 춤을 한바탕 춘다.

완보 예끼! 안갑을 할 놈 같으니라고. 원 저놈이 어른보다 차포오졸을 더 하는 놈이로구나.

완보가 퇴장한다.

6) 제6과장 : 노장과장

파계승 놀이, 신장수 놀이, 취발이 놀이의 3경으로 구성된다. 대사 없이 동작만으로 구성되어 있는 과장, 원숭이가 등장하는 과장, 질펀한 농담이 쏟아지는 과장 등 가장 다양한 형태의 과장을 볼 수 있다.

(1) 제1경 : 파계승 놀이

도를 통달한 노승이 속세에 내려와서 미색에 빠져 파계하는 과장으로 양주별산대놀이의 대표적인 과장이다. 대사 없이 동작만으로 진행되며, 양주별산대놀이의 모든 춤이 들어있다.

먹중들이 한사람씩 깨끼춤을 추며 등장하고, 노장은 염불 장단에 맞춰 춤을 춘다. 소무 2명이 노장 주위를 맴돌며 춤을 추자, 노장이 현혹되어 유혹하다가 거절당한다. 노장이 화가 나서 송낙과 장삼을 벗어 던지고, 노름으로 돈을 잃는다. 그러자 소무가 노장의 옷을 들고 오라고 손짓한다. 노장은 옷을 입고 자신의 장삼띠를 상대에게 매어주고 염주를 걸어주면서 함께 춤을 춘다.

옴중 "녹수청산 깊은골에 청룡황룡 꿈트러지고"

옴중, 원먹중, 둘째상좌, 가먹중 3명은 삼현청 오른쪽에서 깨끼춤을 추며 등장하여 삼현청을 향해 반달형으로 선다. 노장은 부채로 얼굴을 가리고 지팡이에 의지하며 등장하고, 첫째상좌는 노장을 따라 악사석 앞으로 등장한다.

원먹중 애얘, 저-기, 저기 좀 건너다 봐라. 저기 아주 괴상한 것이 나타났다.

완보 어디? 얘, 거참 정말 괴상한 것이 있구나. 그러니 저게 뭔지 네가 가서 한 번 알아보고 오너라.

원먹중 그래라. (깨끼춤을 추며 노장 앞으로 가면서) "녹수청산 깊은 골에 청룡황룡이 꿈트러지고!" (노장을 보고는 깜짝 놀라며 완보에게 와서는) 아이쿠! 아이쿠! 얘얘, 말마라. 아주 엄청난 것이 내려왔다. 산중 대망이가 내려왔어.

완보 예끼! 변변치 못할 놈 같으니라고. 무엇을 보고 놀라서 어이쿠, 어이쿠 이 지랄을 하느냐? (옴중을 가리키며) 이번에는 네가 가서 좀 보고 오너라.

옴중 (원먹중과 같이 깨끼춤을 추며 가서 노장에게 가며)

	"녹수청산 깊은 골에 청룡황룡이 꿈트러지고!" (노장을 보고 놀라고, 완보에게 와서) 어이구! 어이구! 애애, 말마라. 아주 끔찍! 끔찍한 것이 내려왔다. 산중 대망이가 분명하더라.
완보	예끼! 이 못난 놈들 같으니라고. 사내대장부가 사불범정이지. 무엇을 보고 놀라서 어이구, 어이구 호들갑을 떨고 지랄들이냐? 이번에는 내가 가서 알아볼 테니 잘들 봐라.
옴중	어서 가 봐라. 여기서 죽을 놈은 너 밖에 없다.
원먹중	애애. 가지 마라. 너 가면 죽는다.
완보	그래도 갔다 올 테니 잘 봐라. "달아달아 밝은 달아. 태백이 죽어서 비상천하고!" (깨끼춤을 추며 노장 앞으로 가서 부채를 손으로 쳐 내린다.) 아하하하! 내가 이럴 줄 알았다. 스님께서 나달아[59] 계시는구려.
노장	(고개를 끄덕인다.)
완보	그런데 여기, 떵-꿍 하는 인가에는 웬일로 나달아 계시오?
노장	(부채로 주위를 가리킨다.)
완보	옳지! 신명이 과해서 산천경계를 그저 두루두루 구경하시려고요?

59) 나달아 : 내려와서 가까이

노장 (고개를 끄덕인다.)

완보 그러나 저러나, 스님! 여기 떵꿍하는 인가에는 당치도 아니하니 어서 깊숙한 절간으로 올라 가셔서 천수천안[60] 관자재보살[61] 광대원만 대다라니경 염불이나 부르고 계시면, 하루에 송죽이 세 그릇이요, 엽담배가 세 매요, 돈이 석 냥에, 그뿐인가. 상좌놀이가 하루 세 판씩[62]인데 여기 떵꿍하는 인가에는 뭐 하러 나달아 계시오? 여기는 천부당만부당한 일이니 어서 썩~ 올라가시구려.

노장 (머리를 가로저으며 부채로 완보의 머리를 때린다.)

완보 그건 싫단 말씀이오? 어이쿠! 그러나저러나 이것 좀 보게. 어찌나 잔솔밭을 쑤시고 기어 다녔는지 새가 여기에 새끼도 치겠네, 그려. 스님? 그러면 백구타령 일 판을 도르르르 말아서, 양귀에다 꽉 막아 드리리까?

노장 (좋다고 고개를 끄덕인다.)

완보 (뒤돌아서서) 얘들아!

먹중들 네이- (노장 앞으로 모인다.)

완보 여기 스님께서 신명이 과해 나달아 계신데, 백구타

---

60) 천수천안(千手千眼) : 천 개의 손과 눈

61) 관자재보살(觀自在菩薩) : 관세음보살의 다른 말로 일체의 중생계를 관찰해 고통으로부터 구제해 주는 것이 자유자재한 보살이라 하여 세상의 모든 중생이 정성을 들여서 이름을 부르면 도움을 준다.

62) 광대원만 대다라니경(廣大圓滿 大陀羅尼) : 넓고 끝없는 마음으로 보살핀다는 불경

령 일 판을 도르르르 말아서, 양 귀에다 꽉 막아 달라고 하신다. 허니 백구타령 일 판을 불러드려 모시자.
(노장과 마주보고 서서)

모두 (완보는 꽹과리를 치며)
"백구야, 껑충 나지 마라.
너를 잡을 내 아니다.
성상이 버리심에
너를 쫓아 예 왔노라.
오류춘광 경중한데
백마금편 화류갈까."

옴중 어느 제에미 붙을 놈이 하루를 가? 이틀, 사흘도 가지.
(신이 나서 깨끼춤을 추며)
"금강산이 좋단 말을 풍편에 넌즛 듣고!"

완보 얘얘얘. 마라, 마라. 이 철 없는 녀석아.

옴중 어느 제에미 붙을 놈이 남이 신이 날만 하니까 마라 마라 해?

완보 지금 스님께서 신명을 푸시려고 손가락 끝을 꼼지락 꼼지락 하는 중인데, 네 놈이 지랄을 하는 바람에 요지부동이 되셨다. 그러니 다시는 지랄 마라.

옴중 이 제에미 붙을 놈. 스님이 암만 노해도 난 신명이 나서 그런다.

모두 (다시 2절을 부른다.)
"삼청동, 화계동, 도화동도 동이온데,

동소문 밖을 썩 나서서 안암동도 동이요
경상도로다 썩 내려서서 모시 닷 동 베 닷 동
충청도로다 올라서서 명지 닷 동 무명 닷 동
사오 이십 스무 동을 돌돌 말아서 짊어지고
문경새재를 썩 넘어서니 난데없는 도적놈이……"

옴중 난데없는 도적놈이!
(깨끼춤을 추며)
"녹수청산 깊은 골에 청룡황룡이 꿈트러지고!"

완보 얘얘얘. 마라, 마라. 이 미친 자식아. 너도 나잇살 혓 먹었지? 지금 스님께서 너 때문에 노하셨다가 노기를 푸시려고 이제 막- 손가락 발가락 끝을 꼼지락 꼼지락하는 중인데, 네놈은 무엇이 좋다고 지랄이냐? 네놈이 지랄하는 바람에 요지부동이 되었으니 이를 어쩌냐? 지금 스님 말씀 한마디면 어느 지경에 갈 것인지도 모르는 일인데, 너는 무엇이 좋다고 그 지랄을 하느냐? 다시는 지랄하지 마라.

옴중 아무리 노승이 노해도 신이 나는 걸 어떡하란 말이냐?

노장 (부채로 완보 얼굴을 치면서 옴중을 가리킨다.)

완보 네. 알아 모시겠소. 이크! 얘 이거 큰일 났구나. 얘들아. 지금 스님께서 얼굴이 우둘두둘하고, 골창골창하고, 히끗히끗하고, 노릇노릇하고, 파릇파릇한 노벙거지 쓴 놈을 잡아들여 대매에 물고를 치라는 분부시다. 그러니 어서 잡아 들여라.

원먹중 (옴중을 잡아들인다.) 네! 잡아 들였소.

완보 그놈을 엎어놓고, 대매에 물고를 쳐라.

원먹중 지당한 분부요. (곤장으로 옴중을 몇 대 때린다.) 대매에 물고를 올렸소.

완보 자, 어떻소 이제 다 되었습니까?

노장 (고개를 끄덕인다.)

완보 스님! 이제 노기가 좀 풀리시었소? 그러면 이번에는 저-기, 저 연평 바다로 조기잡이를 한 번 나가 보실까요?

노장 (그러자고 고개를 끄덕인다.)

완보 얘들아, 스님께서 연평 바다로 조기잡이 가자고 하신다. 허니 조기잡이를 한 번 나가보자.

먹중들 (모두 노장 지팡이를 잡고 장중을 돈다.)

모두 (완보는 꽹과리를 친다.)
"어기야~ 승이야. 방아홍개로다 노잔다.
어기야~ 승이야. 방아홍개로 노잔다.
야할, 야할, 야할, 야할, 야할, 야할.
보리동냥 갈까, 대라. 밀동냥 갈까, 대라.
훠~ 이~!"

장중에 노장을 엎어 놓고 동그랗게 둘러선다.

완보 어이쿠! 얘, 이것 봐라. 이번에는 아주 큰 고기가 잡혔구나. 우리 중생들이 고생 많다고 용왕께서 우리

	에게 큰 생선을 보내셨구나. 그러나 저러나 이놈을 나누어 먹어야겠는데, 우리 일행이 모두 몇이냐?
먹중들	여덟이오.
완보	그러면 이놈을 여덟로 나눠야겠구나. (토막을 내며) 한 토막, 두 토막, 세 토막, 넷, 다섯, 여섯, 일곱, 여덟 토막. 그런데 대가리는 누가 먹겠느냐?
상좌	(자기가 먹겠다고 노장의 머리를 매만진다.)
완보	예끼! 요녀석아. 아, 그래. 어두복미[63]라고 앙큼하게 대가리는 네놈이 먹겠단 말이냐? 요런 안갑을 할 놈 같으니라고.
먹중들	"야할, 야할, 야할, 야할, 야할, 야할, 야할"

먹중들이 서로서로 양손을 벌려 잡고 빙빙 노장 주위를 돌다가 퇴장한다.

소무 2명이 나와서 노장 옆에 선다.

노장은 이때부터 춤을 추기 시작하는데, 염불 장단에 맞추어 이를 닦고, 세수도 하고, 지팡이에 의지하여 일어나 사방치기, 소무보기를 하고는 지팡이를 머리 위에 얹었다가 내던지고는 활개치기, 활개펴기, 돌단춤, 장단갈이 등의 거드름춤을 추고 장단을 바꿔서 허튼타령

---

63) 어두복미 : 어두일미(魚頭一味) . 생선은 대가리가 제일 맛있음

에 맞춰 짐걸이, 거수고개잡이, 깨끼, 멍석말이, 갈지자춤, 너울질 등의 깨끼춤을 춘다.

노장은 두 소무를 오가며 입도 맞추려 하고, 겨드랑이 털도 뽑아보고, 부채로 소무를 넘겨보기도 한다. 그러나 번번이 소무에게 배척을 당하거나 외면당한다. 이에 화가 난 노장은 옷을 벗어 던지고 염주도 벗어 던지고 진노하여 장삼을 휘둘러 두 소무를 때리고 한 쪽으로 가서 앉아 공기놀이도 해 보고, 돈으로 놀음도 하고 투전놀이를 한다.

이때 소무들은 노장이 벗어놓은 염주와 옷을 집어 들고 손짓으로 노장을 부른다. 노장은 소무들이 부르는 것을 보고 싫다며 머리짓과 손짓을 하고는 하는 일에 열중한다. 그러나 소무들은 단념하지 않고 계속 부른다. 노장은 공기와 투전을 내던지고, 신이 나서 좋아라 손뼉을 치고 소무들에게 간다. 소무들이 옷을 입혀주고 염주를 목에 걸어준다.

노장은 두 소무를 양편에 세워놓고 번갈아가며 소무를 데리고 연을 날려보다가 싫증이 나자, 염주를 두 소무에게 걸어 자신의 첩으로 만들어 장중을 한바퀴 돌며 자랑을 한 다음 삼현청 왼쪽에 가서 앉는다.

소무는 치마저고리에 전복을 곱게 차려입고 노장이 엎드려 있는 양편에 등장하여 자라춤을 춘다. 노장의 혼을 빼놓고 절묘한 맵시로 노장을 유혹하기 시작하여 노장이 어찌할 줄 모르게 만들어 파계하게 한다. 노장이 입을 맞추려고 할 때, 겨드랑이의 털을 뽑으려고 할 때는 떠밀어버리기도 하고, 옷을 벗어 버렸을 때는 옷을 주워 입혀주기도 한다. 그리고 연을 띄울 때는 자신들이 연이 되어주기도 한다. 끝에 가서는 노장의 첩이 되는데, 그리 오래가지 못하고 취발이의 여자가 되

기도 한다. 원소무는 취발이의 아내가 되어 자식도 낳고 살지만 끝내는 취발이와 헤어진다.

(2) 제2경 : 신장수놀이

신발을 파는 신장수가 여자와 놀아나는 노장을 비난하고, 원숭이에게 노장의 여자를 유혹하게 한다. 원숭이가 소무에게 다가가 음탕한 몸짓을 하다가 그냥 돌아오자 신장수가 원숭이를 때리며 야단치고, 원숭이와 신장수는 맞춤을 추고 퇴장한다.

신장수 말뚝이가 붉은 보자기로 원숭이를 덮어씌워서 업고 나온다. 삼현청 맞은편에서 천천히 걸어 장중으로 들어와 장중을 한 번 둘러본다.

말뚝이	어이쿠! 사람이 이렇게 인성만성하고 만산편야한데 기왕지사 이렇게 남의 대방놀이판에 나왔으니 어디, 물건이나 한 번 팔아볼까? (노랫조로) "에헤이리- 진피- 발마개- 부녀신- 사리어!" 허! 이것 보게. 사람이 이렇게 인성만성하고, 만산편야한데 흥전손이라고는 노랑전 한 푼 없구나. 그러나 저러나 뜸물에도 애가 든다고 하는데 어디 다시 한 번 불러보자. "에헤이리- 진피- 발마개- 부녀신- 사리어!"

노장 (종종걸음으로 신장수 앞에 가서 부채를 획 펴더니 자리에 가서 앉는다.)

신장수 (깜짝 놀라서 원숭이를 땅에 떨어뜨리며) 이크! 대관절 이게 웬일이냐? 내가 오늘 아침에 집에 나와 주막거리를 들러 해장술을 한 잔 먹어, 두 잔 먹어 얼굴이지지 벌거니까 상봉 독수리란 놈이 내 얼굴이 육고좌판[64] 위에 고기 덩어리인줄 알고 이리 훽, 저리 훽 넘나드는구나. 내 이놈을 쫓아버려야지. 까딱 잘못했다간 내 얼굴을 잃어버리겠다. 훼-여-훼-여-휘-휘!

노장 (일어서서 부채를 흔들며 신장수를 부르고 다시 앉는다.)

신장수 (채찍으로 땅을 내리치며) 하하하! 그러면 그렇지. 옳거니. 암! 안수해[65], 접수화[66], 해수혈[67]이라더니 물건을 살 사람이 있으니 팔 놈 더러 "오너라" 이 말이렸다. 네, 알아 모시겠소이다. 잠깐 기다리시오. 내 곧 가리다. (원숭이에게 가서) 애애, 요녀석아. 내가 저기 좀 잠깐 다녀올 테니 꼼짝 말고 여기 있거라. (노장에게 가서) 그래, 어째 불러 계시오?

노장 (부채로 자신의 발을 친다.)

---

64) 육고좌판(肉沽坐板) : 고기를 펴놓을 수 있는 넓고 커다란 나무판자
65) 안수해(雁隨海) : 기러기가 물을 찾음
66) 접수화(蝶隨花) : 나비가 꽃을 찾음
67) 해수혈(蟹隨穴) : 게가 굴을 찾음

신장수 옳지! 신발을 사시려고요?

노장 (그렇다고 고개를 끄덕인다.)

신장수 물건을 살 것 같으면 몇 치 몇 치 짜리를 사시려고요?

노장 (부채에 손을 대고 올라가면서 잰다.)

신장수 허, 이런. 제에미 붙을 놈을 봤나. 자벌레가 중패질[68]을 해서 점지했나? 재기는 뭘 그렇게 재. 네, 알아 뫼시겠소. 다섯 치하고 여섯 치 짜리를 사시겠다고요?

노장 (그렇다고 고개를 끄덕인다.)

신장수 허면 다섯 치 짜리는 당신 할머니 신기고, 여섯 치 짜리는 당신 어머니를 신기시게요?

노장 (아니라고 머리를 저으며 부채로 신장수 어깨를 때린다.)

신장수 그건 천부당만부당 하단 말씀이오? 그러면 다섯 치 짜리는 큰 마누라 신기고, 여섯 치짜리는 작은 마누라를 신기려고요?

노장 (그렇다고 고개를 흔들며 부채로 신장수의 어깨를 두드린다.)

신장수 아따! 이 안갑할 녀석 보게. 그건 비위에 닥 맞는단 말씀이오? 좋다고 흔드는 머리가 꼭 돼지대가리 흔드는 것 같구나. 신발 값은 한 켤레에 닷 냥 해서 두 켤레에 열닷 냥이오. 그러나저러나 물건 값은 언제

68) 중패질 : 성교할 때, 남성의 성기 겉이 입혀졌다 벗겨졌다 할 수 있게 움직이는 것

주시겠소?

노장 (부채로 땅을 짚으며 일어나 손을 높이 들어 보이면서 적당한날에 주겠다고 한다.)

신장수 예끼! 이런 날도둑놈 같으니라고. 아, 그래. 윤동짓달 스무초하루 날에나 주겠다고? 여러분들. 다들 들어보시오. 세상에 윤동짓달 스무초하루 날도 있습니까? 이건 아주 물건 값을 떼먹겠다는 수작이로구나. 오늘 물건을 많이 팔 줄 알았는데, 이거 웬 못된 도적놈을 만나서 재수라고는 한 푼어치도 없는 날이로구나. 그러나저러나 장사꾼이 외상이라고 아니 팔 수 있나. 옛다! 신겨라. 그건 그렇고 어서 가서 짐이나 풀자.

노장 어이쿠! (신발을 받아 소무들에게 나누어 준다. 소무들은 신발을 받아 갈아 신는다. 그리고는 노장과 함께 일어선다.)

신장수 (원숭이에게 가서 붉은 보자기를 걷어치우고, 채찍으로 원숭이를 후려치는데, 원숭이는 맞지 않으려고 껑충 뛰고, 이리저리 왔다 갔다 하며 몹시 떤다.) 애애, 요녀석아. 어서 냉큼 일어나라. 얘야, 제발 좀 떨지 마라. 네놈이 밤낮을 가리지 않고 그렇게 떨어대니, 그 무슨 홍정손이 있겠느냐? 너 떠는 걸 보니 나까지 떨리는 것 같다. 애애, 그만 떨고 저-기, 저기 좀 건너다 봐라.

원숭이 (노장 쪽을 본다.)

신장수　애야, 내가 물건을 팔려고 저기에 갔더니, 고래등 같은 아주 큰 기와집이 있는데, 그 집 뒷담 너머로 넘겨다봤더니 절세미인이 하나도 아니고 둘씩이나 있구나. 그 계집들을 보아하니, 하나는 그저 그런데 다른 하나는 얼굴이 갓 돋아 오르는 보름달 같고, 어깨는 팡파름하고, 허리는 갸름하고, 궁둥이가 둥글넓적한 것이 아주 절묘하기가 이를 데 없더라. 허니 네가 가서 그 계집 하나를 후려 오너라. 우리가 너도 홀애비, 나도 홀애비가 아니냐. 수단껏 후려오기[69]만하면 나는 자다가도 그 짓을 하고, 밥을 먹다가도 하고, 부모가 돌아가면 조상을 받다가도 생각나면 그 짓을 하고, 빨래도 깨끗이 입지만, 너는 그 짓을 못 한다. 너는 마루 밑에서 찬밥이나 치워야 해.

애애, 떨지 좀 마라. 동지섣달 만났느냐? 왜 그렇게 떨고 야단이냐? 제발 떨지 좀 말고 내가 지금부터 계집 후리는 방법을 일러줄 테니 두 손을 번쩍 들어라.

(신장수와 원숭이는 두 손을 들어 손뼉을 치기도 하고, 여러 가지의 방법을 가르치며 배운다.)

(노랫조로)

"짝짜꿍짝짜꿍

곤지곤지 고곤지

쥐암쥐암 쥐쥐암(잼잼잼잼)

---

69) 후려오기 : 꼬드겨서 데려오기

잘라래비(잔나비) 훨훨
도리 도도 도도리
대양푼에는 갈비찜
소양푼에는 영계찜
광햇닭 용햇닭 두메꿩
봉지 봉지 봉지[70]요
깨소금 봉지도 봉지요
고추 봉지도 봉지요
계수나무 요분틀에
네 것도 박고, 내 것도 박고……
예끼! 안갑을 할 놈 같으니라고.(채찍으로 후려친다.)

원숭이 (팔딱 뛰고는 떤다.)

신장수 고 녀석 참! 좋은 것도 많다. 요 녀석 눈알을 보니 정신도 좋고, 아주 세명스럽구나[71]. 허니 어서 냉큼 갔다오너라.(채찍으로 후려친다.)

원숭이 (팔딱 뛰고는 손뼉을 쳐서 장단을 청해 깨끼춤을 추면서 소무에게 가서 소무를 붙들고 춤을 춘다. 소무의 어깨에 손을 얹고 뺨을 대보고, 외설한 시늉을 하며 춤을 추다가 노장에게 매를 맞고 신장수에게 쫓겨 와서 신장수의 얼굴을 한 대 때리고 떤다.)

---

70) 봉지 : 여자 성기를 이르는 말
71) 세명스럽다 : 영리하고 똑똑하다

신장수 그래, 다녀왔느냐?

원숭이 (떨면서 그렇다고 고개를 끄덕인다.)

신장수 그래, 어떻게 되었느냐?

원숭이 (자기가 먼저 쑥꾹을 찌르고 왔다고 한다.)

신장수 (채찍으로 후려치면서) 예끼! 안갑을 할 녀석 같으니라고. 너더러 하나를 후려오라고 했지, 언제 너만 놀고 오라고 했느냐? 예끼! 요 앙큼한 놈 같으니라고. 그러나 저러나 기왕에 놀고 온 것, 할 수 있느냐. 너하고 나하고 옛날 옛적에 하던 지랄이나 한 번 해 보자.

원숭이 (춤을 추려고 손뼉을 쳐서 장단을 청한다.)

신장수 (원숭이에게 손짓을 하면서) 저놈 보게. 저놈 봐!

신장수와 원숭이가 깨끼춤을 추다가 신장수는 원숭이를 때려서 내쫓고 원숭이는 매를 맞고 쫓겨 들어간다.

신장수 예끼! 안갑을 할 놈 같으니라고. 원, 저 녀석이 어른보다 차포오졸을 더하는 놈이로구나.
"낙일이 욕몰현산서 하니 도착접이 화하미!"
(깨끼춤을 추고 퇴장한다.)

(3) 제3경 : 취발이놀이

절간의 불목하니 취발이가 속세에 내려와 여자 두 명을 데리고 농탕질을 하는 노장을 꾸짖으며 소무를 유혹하자 노장이 온몸으로 막는다. 취발이와 춤싸움으로 맞서 부채로 공격해서 물리친다. 취발이가 다시 덤비자, 장삼을 벗어 던지며 저항한다. 노장은 취발이의 힘에 밀리고, 취발이가 귀룽가지로 땅을 치자, 소무 한 명만 데리고 퇴장한다. 취발이가 남은 소무를 유혹해 살림을 차리고, 아들을 낳는다. 취발이가 아이를 안고 어르는 노래, 천자풀이, 언문풀이를 하며 공부를 시킨다. 소무가 아이를 구박하자 야단을 치고, 아들을 안고 춤을 추며 퇴장한다.

이 장은 춤과 사조, 타령 등이 총망라된 수준 높은 과장이며, 취발이의 대사가 농이 짙고 걸쭉하여 아녀자들이 자리를 피했다고 한다.

노장과 소무 둘은 삼현청 앞에 서 있고, 취발이가 귀룽가지를 들고 장중으로 5~6보 가량 달음질로 들어선다.

취발이	에라, 에라, 에라. 이 안갑을 할 녀석들 다들 물러서라. 내가 여러 해포 만에 남의 대방놀이판에 나왔더니 정신이 띵하구나. 웬 난데없는 괴상한 향내가 코를 쿡쿡 찌르는구나. 대관절 이 냄새가 어디서 나는지 한 번 찾아보자. (노장 앞으로 종종걸음으로 달려가서 귀룽가지를 들고 허리를 굽혔다 펴며) 어리어[72]-?
노장	(취발이 앞으로 가서 부채를 휙 펴고는 돌아간다.)

72) 어리어 : 누구시오

취발이 (깜짝 놀아서 맴을 돌아 원래 자리로 돌아와서) 이크! 이게 웬일이냐. 내가 오늘 아침에 집을 나와 주막거리를 들러, 해장술을 한 잔 먹어, 두 잔 먹어, 서너 잔을 걸쳐 얼굴이 지지벌거니까 상봉 독수리란 놈이 내 얼굴을 육고자판 위의 고기 덩어린 줄 알고 훽훽 넘나드는 모양이로구나. 이놈을 쫓아버려야지, 까딱 잘못했다가는 내 얼굴 잃어버리겠다. (손짓발짓을 하여 독수리를 쫓는다.) 휘어~ 휘어~ 휘휘! 이것 보게나. 솔개미 같으면 벌써 달아났을 텐데. 이 냄새가 가시지를 않고 여전히 코를 쿡쿡 찌르니, 이 냄새가 어디서 나는 건지 어디 다시 한 번 찾아보자. (다시 노장 앞으로 가서) 어리어-?

노장 (먼저와 같이 취발이 앞으로 가서 부채를 확 펴고는 자리로 돌아간다.)

취발이 (깜짝 놀라 맴을 돌며 자리로 되돌아가서) 어디? (귀룽가지를 이마에 대고 노장을 건너다보고서) 아하, 하하! 내가 그럴 줄 알았지. 네, 이놈! 허, 이런 허무한 세상을 봤나. 산골 중놈이 평꿍하는 인가에 내려와 계집을 하나도 아니고, 둘씩이나 데리고 다니면서 농탕질을 쳐? 네, 이놈! 네게는 천부당만부당 한 일이니, 깊숙한 절간으로 올라가서 천수천안 관자재보살, 광대원만 대다리니경, 염불이나 부르고 있으면, 하루에 송죽이 세 그릇이요, 엽담배가 세 매요, 돈이 석 냥에, 어디 그것뿐인가. 상좌 놀이가 하루 세

판씩인데, 여기는 뭘 하러 나달아 계시오? 여기 떵꿍하는 인가에는 당치도 않으니, 어서 올라 가시오.

노장 (싫다고 머리를 가로저으며 손짓을 한다.)

취발이 그건 싫어?

노장 (부채를 펴서 두 소무를 가린다.)

취발이 저 놈 보게. 저놈이 내게 내우를 시켜!

소무들 (노장의 배를 문지른다.)

취발이 애애. 육시랄 년들아, 아니꼽다. 그놈이 무슨 거위배[73]를 앓는다더냐? 왜 배를 아래위로 치 쓰다듬고, 내리 쓰다듬고 지랄들이냐? 중이면 절간에서 염불이나 부르고 앉아 있을 것이지, 여기 떵꿍하는 인가에 내려와서 계집들을 데리고 다니며 농탕질을 치니, 그게 무슨 안갑을 할 짓이냐! 내게는 당치도 않고 부정한 일이니 어서 썩 올라가거라.

노장 (싫다고 머리를 가로젓고는 취발이에게 덤빈다.)

취발이 싫단 말이냐? 그렇다면 너 가사 한 번 들어봐라.
"나비야, 나비야. 청산가자.
호랑나비 너도 가자.
구시월 쇠단풍
된서리 맞아 낙엽져,
여나무똥 되지 말고
만첩청산 깊은 골에

73) 거위배 : 뱃속에 회충 등 기생충이 있는 배

쑥 들어가서,
너하고 나하고
두 눈이 뿌옇도록
서로치기나 하다가
한세상 보내는 것이 어떠냐?"

노장 (싫다고 고개를 가로저으며 부채질을 한다.)

취발이 싫어? 그러면 저 놈을 금강산으로 올릴까, 소상반죽으로 놀릴까?

노장 (부채를 쳐서 장난을 청한다.)

취발이 저 놈 보게. 아니 저 놈 좀 봐!

노장과 취발이가 깨끼춤을 춘다. 노장이 취발이를 후려치고 취발이는 매를 맞고 맴을 돌며 자리로 돌아간다.

취발이 (놀라며) 어이쿠! 애, 이것 봐라. 승속이 가이어든[74], 중놈이 속인놈 치기는 양중취물[75]하듯 하니, 산골 중놈이 억세긴 억세구나. 그러니까 계집을 둘씩이나 데리고 다니며 농탕질을 치지. 그러나 저러나 너 이놈. 내가 네놈에게 한 대 맞기는 맞았으나 참새가 죽어도 짹 한다고! 어디, 아산이 무너지나 평택이 깨지나 다시 한 번 해보자. 이놈!

---

74) 가이(可異)어든 : 중과 속인이 다름
75) 양중취물 : 주머니 속의 물건을 마음대로 주무름

노장 (장삼을 벗어 땅에다 내려놓는다.)

취발이 아니, 저 놈 보게! 저 놈이 날 때리고 쫓더니 장삼을 벗네. 여러분들? 몸조심할 사람은 어서 여길 피하시오. 까딱 잘못하다간 오늘 여기서 살인나겠소!
(깨끼춤을 추며)
"원산첩첩 곤산 넘어 태산이 출렁"

이번에는 노장이 취발이에게 매를 맞고 소무 가랑이 속으로 들어가 숨는다.

취발이 아하! 그러면 그렇지. 중놈이면 깊숙한 절간에서 염불이나 부르고 있을 것이지, 여기 떵꿍하는 인가에는 뭘 빨겠다고 내려왔어? 이놈이 한 대 맞더니 아주 거거무신[76]이로구나. 그러나 저러나 이제부터 저 계집들은 다 내 것이다.
"쳐라 쳐라 철철 절이 절수"
(불림을 부르며 까치춤으로 소무 앞으로 간다.)

노장 (소무들 가랑이 속에서 불쑥 뛰어나와 머리를 좌우로 천천히 흔든다.)

취발이 (깜짝 놀라 뒷걸음질 치며) 이크! 얘, 대관절 이게 뭐냐? 어이구~ 이게 바로 산중 대망이가 아니냐? 여기 떵꿍하는 인가에는 당치도 않고 부정한 일이니, 어

76) 거거무신(巨巨無身) : 힘이 많을 줄 알았더니 그렇지 않음

서 깊숙한 절간으로 올라가시오. 점잖은 짐승이, 이게 무슨 짓이오. 쉬이- 쉬- (귀룡가지로 쫓아낸다.)

노장 (쫓겨 들어가다가 다시 뛰어나온다.)

취발이 (깜짝 놀라서 뒷걸음질을 하다가 서서 다시 보며) 이크! 이놈 보게. 이놈이 나하고 놀자하네, 그려. 그러지 말고 어서 올라가시오. 점잖은 짐승이, 이 무슨 해괴한 짓이요? 쉬-이- 쉬-이- 나무아미타불 관세음보살 쉬-이- 쉬-이- 예끼, 이놈! (귀룡가지로 땅바닥을 내리친다)

노장 (장삼을 집어 들고 소무 하나를 데리고 퇴장한다.)

취발이 (조금 쫓아가며) 저런 육시랄 넌 같으니라고. 저년은 끝내 중서방을 해 가는구나. (남은 소무를 데리고 장중으로 가서) 애, 넌 이리 오너라. (소무 주위를 돌면서 냄새를 맡는다.) 그런데 대체 이게 무슨 냄새냐? 이제 보니 이년이 산골 중놈하고 잔솔밭을 쑤시고 다니면서 낮잠질을 친 냄새로구나. 이 중내를 털어내야겠다. (귀룡가지로 소무의 몸을 쓸어내린다.) 휘-휘-휘-휘-

소무 (싫다고 몸을 흔든다.)

취발이 어이쿠! 애, 이것 봐라. 이 냄새 쏟아지는 소리가 오뉴월 삼복중에 우박 쏟아지는 것 같구나. (귀룡가지로 땅바닥을 치고는 쓸어버린다.) 애, 너 산골 중놈하고 낮잠질만 쳐 봤지, 나 같은 오입쟁이를 만나 놀아본 적이 있느냐?

소무 (못 놀아보았다고 고개를 가로젓는다.)

취발이 그래!

"나비야, 나비야. 청산가자. 호랑나비야, 너도 가자."

(깨끼춤 너울질을 추고 빗사위로 소무의 허리를 감고 들어가서) 할머니?

소무 (당치도 않다고 떠밀어 버리고 홱 돌아선다.)

취발이 (떠밀려 나가서) 어이쿠! 세상에 이런 망발이 어디 있나? 젊은 계집에게 할머니라고 했으니 이런 망신을 봤나! 그러나 저러나 다시 한 번 잘 불러보자.

"양양소아 재박수하니 난가쟁창 백동지라"

(까치춤, 너울질, 빗사위 춤을 추며 소무를 옆에 끼고 서서) 어머니?

소무 (역시 당치도 않다고 밀어 버리고 홱 돌아선다.)

취발이 어이쿠! 애, 이게 웬일이냐? 어머니가 당했단 말인가? 젊고 젊은 계집에게 어머니가 웬 말이냐. 아까보다 한층 내려서긴 내려섰으나 그래도 망신은 망신대로 당했구나. 사람이란 본시 아무리 점잖은 영웅열사라고 해도 계집에게 한 번 미치면 별 수 없느니라. 그러나 저러나 다시 한 번 잘 불러보자.

"낙일이 욕몰현산서하니 도착접이 화하미!"

(여닫이, 너울질, 빗사위로 소무 허리를 끼고 돌아서서) 마누라?

소무 (흡족해하며 등을 두드려 준다.)

취발이 (소무를 바짝 껴안으며) 아하하하! 그러면 그렇지.

	어디, 물 부어 샐 틈이 있나! "쳐라! 쳐라! 철철! 절이 절수" (깨끼춤을 추다가 소무 앞에 가서 주저앉는다.) 어이쿠! 얘, 이것 봐라. 이게 무슨 망신이냐? 내가 여태까지 계집에게 홀려 머리를 풀고 놀았구나. 상투를 틀어야겠다. 이렇게 산발을 했으니 남들이 보면 그 무슨 부모상이나 당한 줄 알겠다. 이제 계집을 얻었으니 상투를 틀어 올리자. 에퉷! 얘 그런데 이거 봐라. 이 머리가 어찌나 긴지, 아흔아홉 번을 넘어가고도 이렇게 두어 치가 남는구나. 그러나저러나 너, 나 같은 오입쟁이 만나서 가사 한 번 들어 보았느냐?
소무	(못 들어 보았다고 고래를 가로젓는다.)
취발이	그래! 그렇다면 한 번 들어 봐라. (귀룽가지로 소무를 가리키면서) "강산이 적막한데 슬피우는 저 두견아. 요 내창에서 왜 우느냐? 건곤은 불로월 장재하니 적막강산이 금백년이라." 자- 너 어떠하냐?
소무	(좋다고 고개를 끄덕인다.)
취발이	좋단 말이지? 그럼 너, 이리 오너라.
소무	(취발이 앞으로 간다.)
취발이	(왼손으로 등뒤 땅을 짚고 상체를 뒤로 젖히고 귀룽

가지를 흔들며)
(노랫조로)
요, 계집애, 조 계집애. 시다, 마다[77] 자라춤 춰라.
"쳐라! 쳐라! 철철! 절이 절수"
(깨끼춤을 추고는 소무 앞에서 손을 들어 삼현을 중지시키고) 내가 이날 이때까지 살았어도 계집 후정[78] 한 번 못했어. 어디 후정 구경 좀 해보자. (소무의 치마를 들치고 머리를 집어넣어다 빼고는) 우르르르르! 에퉷! 요런 안갑을 할 넌 같으니라고. 이년이 중놈하고 잔솔밭을 쑤시고 다니면서 오입질을 하고, 어찌나 뒷물을 안했던지, 그저 삼년 묵은 조개젓 썩는 냄새가 물씬물씬 나는구나. 그러나 저러나, 후정이 어찌나 넓은지 참 좋긴 좋다. 여기에 둘러 앉아, 쇠동당 치기도 넉넉하겠다.

소무 (취발이가 치마를 들치려고 할 때 몸을 흔들면서 싫다고 한다.)

취발이 (소무 앞으로 와서 치마를 들어 머리를 집어넣고) 아까는 후정을 구경했으니, 이번에는 내정[79]을 한 번 구경해보자.

소무 (싫다고 몸을 흔든다.)

취발이 아이고! 요런 안갑을 할 넌 같으니라고. 애, 이것 봐

77) 시다, 마다 : 좋다 싫다 말고
78) 후정(後庭) : 여자의 궁둥이
79) 내정(內庭) : 여자의 성기

라. 잔솔밭처럼 아주 무성하구나. 요걸 뽑아서 해금쟁이나 주면 해금질도 넉넉히 하겠다. (다시 가서 치마를 들어 손가락을 소문 속으로 집어넣고) 애, 그런데 요게 뭐냐? 무슨 개어금니 같이 생긴 게 있어 옥니가 달렸는지, 손가락을 잡아 무는 맛이 있어 사람 아주 죽을 지경이로구나. 그건 그렇고, 내가 이날 이때까지 살았어도 자식이 하나 없으니 어디 자식 놈을 한 번 만들어보자.

"소상반죽 열두 마디를 후리쳐 잡고서."

(깨끼춤을 추다가 소무 뒤로 돌아가 개들이 붙듯이 붙는다.) 동네 신개 혼례하오. (둘이 붙어서 앞뒤로 왔다 갔다 하면서) 낑낑낑낑- 끼잉낑낑 낑낑낑-

둘이 떨어진다. 취발이는 귀룽가지를 흔들고 다니고, 소무는 자라춤을 추다가 배가 아프다고 배를 문지르다가 주저앉는다.

취발이 (까치걸음으로 장중을 돌면서) 애, 해산모야? 해산모야? 이 육시랄 년아! 어서 나와서 해산시켜라. 이마도 짚어주고, 배도 문질러 주고, 등도 두드리면서, 어서 어서, 해산시켜라. (계속 귀룽가지를 휘두르며 돌아다닌다.)

해산모 (마당이를 안고 나와 해산을 시켜준다.)

취발이 애, 뭘 낳았느냐? 아들이냐? 딸이냐?

해산모 (아들을 낳았다고 고추를 들어 보이고 퇴장한다.)

취발이	아들이야? 고추야? "쳐라! 쳐라! 철철! 절이 절수" (춤을 추다가 마당이를 보고 깜짝 놀라 넘어지며) 어이쿠! 얘, 이게 뭐냐? 까딱 잘못했으면 너를 밟을 뻔했구나. 아주 절손을 할 뻔했어. 다 늙은 놈이 지하에 가면 무슨 면목으로 조상님네를 뵈올 수 있겠느냐? 그런데 이것 봐라. 삼신할머니께서 나 어려운 줄 어찌 아시고, 바지, 저고리, 마고자, 조끼, 행전, 거지 굴레까지 몽땅 입혀서 점지 하셨을까? 헌데 이놈 이름을 지어야겠는데, 뭐라고 짓나? (귀룽가지를 후려치며) 옳지! 그렇지! 이놈을 마당에서 낳았으니, 마당이라고 짓자.

취발이는 마당이 역할까지 1인2역을 한다.

마당이	아버지?
취발이	왜 그러느냐?
마당이	나 좀 업어 주.
취발이	그래라. 갓난아이는 낳자마자 거꾸로 업어야 체중이 떨어지는 법이다. (아기를 거꾸로 업는다.) 에그으 …… 아따! 요 녀석 봐라. 요 녀석이 낳자마자 고추만 자랐나? 어른 잔등이를 꼭꼭 찌르게. 이놈 봐라. 이놈이 이 어른 잔등이에다 오줌을 쌌구나.
마당이	아버지?

취발이 왜 그러느냐?

마당이 나 글 좀 가르쳐 주.

취발이 암. 배워야지. 사람이란 배워야 입신양명을 하느니라. (마당이를 마주 앉히고 귀룡가지로 글자를 짚어가며 노랫조로)

"하늘천 따지
가마솥에 누른 밥
박박 긁어서
선생님은 한 그릇
나는 두 그릇"

예끼! 바닥의 아들놈 같으니라고. 그래! 선생님은 한 그릇이고, 너는 두 그릇이냐? 안갑을 할 놈 같으니라고.

마당이 아버지?

취발이 왜 그러느냐?

마당이 나 언문 좀 가르쳐 주-

취발이 암. 배워야지. 그야 다시 이를 말이냐.
(노랫조로)

"기역 니은 디귿 리을
기역자로 집을 짓고
지긑지긑 살자더니
가이 없는 이내 몸이
그지 없이 되었구나."

마당이 (아기울음을 운다.)

취발이	이 녀석이. 왜 이렇게 보채고 야단인가. 얘야, 울지 마라. 이 애비가 장에 가서 엿 다가 줄게. 울지 마라. (노랫조로) "아가, 아가. 울지를 마라. 우리 마당이 울지 마라. 울지를 마라. 울지를 마라. 네 아버지 장에 가서 엿 사다 줄게. 울지 마라. 만첩청산에 옥포둥아. 금을 주며는 너를 살리, 은을 주며는 너를 살리. 나라에는 충신동이요, 부모님 전에는 효자둥이, 동네방네는 귀염둥이요, 일가친척에 화목둥이. 울지를 마라, 울지를 마라. 네 어머니 굿에 가서 떡 받아 줄게. 울지 마라."
마당이	(계속 운다.)
취발이	아, 이 녀석이 자꾸 보채고 야단이네. 제발 보채지 좀 말아라.
마당이	아버지?
취발이	왜 그러느냐?
마당이	나 젖 좀 주-

취발이	오냐! 그래라. (소무에게 가서) 여보. 마당이 젖 좀 주.
소무	(싫다고 떠밀고 돌아선다.)
취발이	(약간 떠밀리고 나서 다시 가서) 그러지 말고, 얘 젖 좀 주.
소무	(또 떠밀고 돌아선다.)
취발이	아, 젖 좀 주라니까!
소무	(싫다고 고개를 흔든다.)
취발이	예끼! 이 육시랄 년아. 이놈을 나 혼자 낳았냐? 너하고 나하고 둘이 좋아서 낳아놓고, 왜 젖을 안 주느냐? 이 우라질 년아. 저런 안갑을 할 년 같으니라고. 얘야, 네 어미가 젖을 안 주니 난들 어쩔 수가 없구나. 에라, 나도 모르겠다. 쳐라!

취발이는 까치춤을 추면서 퇴장하고, 소무는 자라춤을 추면서 반대쪽으로 퇴장한다.

7) 제7과장 : 샌님 과장

이 과장은 의막사령 놀이, 포도부장 놀이의 2경으로 구성되어 있으며, 부패한 양반 사회에 대한 풍자가 들어있다.

(1) 제1경 : 의막사령 놀이

쇠뚝이는 말뚝이의 권유로 샌님에게 문안을 드린다. 말뚝이에게 샌님 일행을 양반이 아니라 화랭이 자식이라며 욕을 한다. 그러나 샌님 앞에서는 상대를 칭송하며 아부한다. 말뚝이는 샌님에게 쇠뚝이를 불손하게 소개하여 상전의 화를 돋우고, 샌님의 지시로 쇠뚝이를 잡아 온다. 샌님은 쇠뚝이가 언어풍자로 자신을 희롱하자 모욕을 참지 못하고 오히려 자기 하인인 말뚝이를 잡아들이라고 한다. 말뚝이와 쇠뚝이의 처지가 뒤바뀌고, 말뚝이는 쇠뚝이가 곤장을 치려하자 돈으로 매수한다. 쇠뚝이는 돈을 받아 샌님에게 주어 사면을 받아낸다. 샌님 일행은 퇴장하고, 말뚝이와 쇠뚝이가 맞춤을 추고 퇴장한다. 이 과장은 돈으로 산 양반계급 등 당시 계급사회에 대한 불만과 평등한 삶에 대한 희망을 표현한다.

말뚝이가 샌님, 서방님, 도련님을 모시고 까치춤을 추면서 등장하여 삼현청 맞은편으로 가서 반달형으로 선다. 쇠뚝이는 소무와 함께 삼현청 앞에 미리 나와 앉아있다.

말뚝이	아, 샌님! 아, 서방님! 아, 도련님 (자리를 잡고 선다.)
샌님	애, 말뚝아-?
말뚝이	네- 이-!
샌님	너, 어디 가서 의막[80] 하나 정해라.
말뚝이	네- 이-. 혓! 이거 야단났네. 날은 이미 저물어 어두운데, 어디 가서 의막을 정한단 말인가? 그러나 저러

80) 의막(依幕) : 임시로 거처하게 될 숙소

나 어디, 의막 하나 팔아 보자. 의막 사령? 사람이 이렇게 인성만성하고, 만산편야한데, 의막 사자는 이는 하나도 없구나. 그러나 저러나 뜸물에도 애가 든다고 하던데, 어디 다시 한 번 팔아보자. 의막사령?

쇠뚝이가 일어서자 소무는 퇴장한다.

쇠뚝이 아니, 그래. 어느 제에미 붙은 녀석이 남의 내외가 내근을 하는데 의막을 사려 해?

말뚝이 아니! 사람이 이렇게 인성만성하고 만산편야 한데, 내근을 하다니?

쇠뚝이 우린 내외니까 내근을 하지.

말뚝이 옳거니! 내외가 돼서 내근을 한단 말이지?

쇠뚝이 암. 영락없지.

말뚝이 제에미 붙을 놈 같으니라고. 그러나 저러나 네 목소리를 들으니 참 반갑구나. 아나잇!

쇠뚝이 야잇! 네 목소리를 들어보니, 너 무슨 옹색한 일이라도 있는 모양이로구나?

말뚝이 다름이 아니라, 내가 우리 댁 서방님께서 과일[81]이 당도해 샌님, 서방님, 도련님을 모시고 한양으로 과거를 보러 올라가는 길에, 해지는 줄 모르고 산대놀이 구경을 하다가 의막 하나 정하지 못 했다. 강근지

81) 과일(科日) : 과거시험 보는 날

친이 없고, 이 번화지시에 아는 사람이라고는 없는데, 너를 만나니 참, 불행 중 다행이다. 그러니 나를 봐서라도 의막을 하나 정해다오.

쇠뚝이 얘! 그 제에미 붙을 놈들이 산대굿 구경에 미쳐서 의막 하나 못 정했다니. 그것 참 옹색하게 되었구나. 걱정 마라. 쉽지는 않겠지만 내가 의막 하나 정해 보마. (장내를 이리저리 돌고는 말뚝이에게 간다.)

말뚝이 그래. 어떻게 됐느냐? 의막은 정했느냐?

쇠뚝이 암, 정했지.

말뚝이 그래. 어떻게 생긴 의막이냐?

쇠뚝이 혹시 그놈들이 담배질을 하더라도, 아래위가 분명해야 하지 않겠느냐? 그래서 아래위 칸을 만들고, 빵빵 돌아가면서 말뚝을 돌려 박고, 띠를 두르고, 들어가는 문을 하늘로 냈다.

말뚝이 얘, 그러면 그 집이 아주 고래등 같은 큰 기와집이로구나?

쇠뚝이 암, 영락없지.

말뚝이 그 집에 들어가려면, 물구나무를 서야겠네?

쇠뚝이 그야 다시 이를 말이냐?

말뚝이 얘, 그것 참. 들어갈 때 보면 볼만하겠구나. 우리 댁샌님 일행이 저기 계시니, 어서 들여 모시자.

쇠뚝이 얘, 내가 왜 그 제에미 붙을 놈들을 들여 모신단 말이냐?

말뚝이 너, 나를 봐서라도 들여 모셔야 하지 않겠니?

쇠뚝이　　그러면 그놈들이 어디에 있느냐?

말뚝이　　저기 계시니, 어서 들여 모시자. (샌님 일행이 있는 데로 간다.) 자, 쳐라. 아, 샌님! 아, 서방님! 아, 도련님!

말뚝이는 샌님 일행이 있는 데로 가서 채찍을 휘두르며 돼지우리로 안내한다. 쇠뚝이는 돼지 몰 듯, 뒤에서 샌님 일행을 돼지우리에 몰아넣는다.

샌님　　얘, 말뚝아?

말뚝이　　네- 이-!

샌님　　이 의막을 누가 정했느냐?

말뚝이　　네- 이-! 소인이 정한 것이 아니라 번화지시에 알 수가 없어서, 아는 친구 쇠뚝이란 놈에게 부탁하여 정했소.

샌님　　오, 그래? 아주 대단히 정갈스럽고 깨끗해서 좋구나.

말뚝이　　그런데 샌님께서 양반이시기에 담배질을 하시더라도 아래위가 있어야 할 것 같아 두 칸짜리로 구했다 하오.

샌님　　오, 그래?

말뚝이　　얘얘얘. 우리 댁 샌님께서 이 의막을 누가 정해 주었느냐? 하기에 네가 정해 주었다고 했으니, 너 가서 우리 댁 샌님을 한 번 뵈어라.

쇠뚝이　　내가 왜 그 제에미 붙을 놈들을 본단 말이냐?

말뚝이 너, 그렇지 않다. 이다음에 우리 댁 서방님께서 벼슬 하면 너도 괜찮아진다. 네가 몰라서 그렇지. 그 양반이 벼슬을 하기 시작하면 사닥다리 기어 올라가듯 한다. 잘만 보이면 뭘 하던지 너도 한 자리 한다. 청편지 한 장을 쓰더라도 괜찮을 것이니, 어서 가서 한 번 뵈어라.

쇠뚝이 듣고 보니 네 말도 그럴 듯하구나. 그놈의 음성을 들어보니 용상[82]이다. 벼슬을 하겠어.

말뚝이 암. 벼슬하지. 그러니 어서 가서 우리 댁 샌님을 한 번 뵈어라.

쇠뚝이 (말뚝에게 가서) 얘, 그런데 대관절 너는 그 댁의 뭐냐?

말뚝이 청지기[83]일세.

쇠뚝이 이놈아. 청지기가 패랭이 갓을 써?

말뚝이 청지기가 아니라 겸노[84]일세. (출계[85]일세.)

쇠뚝이 그러면 그렇지! 아무튼 네 말대로 한 번 뵙고 오마. "쳐라"
(깨끼춤을 추면서 샌님 일행을 보고 말뚝이에게 와서) 얘, 이놈아!

말뚝이 그래 뵙고 왔느냐?

---

82) 용상(龍象) : 높은 자리에 오를 듯한 좋은 생김새
83) 청지기 : 어느 특정한 집을 지키는 일꾼
84) 겸노(兼孥) : 청지기와 출계를 동시에 하는 일
85) 출계(出系) : 양자로 들어가 그 집의 대를 이음

쇠뚝이　제기럴! 양반의 자식인 줄 알았더니, 그게 어디 양반들이냐? 샌님이란 작자를 보니 도포는 입었으나 전대띠를 매고, 두부 보자기를 뒤집어쓰고 화선[86]을 들었으니, 그게 어디 양반의 자식이냐? 바닥의 아들놈이지. 그리고 서방님이란 작자는 관을 썼으나, 이놈도 도포를 입고 전대띠를 매고 화선을 들었으니, 그게 무슨 양반의 자식이냐? 그리고 또 도련님이란 놈을 보니, 이놈은 무슨 사당보 같은 걸 뒤집어쓰고, 전복을 입고 전대띠를 매고 화선을 들고 있으니, 그게 무슨 양반의 새끼들이냐? 내가 보니까 화랭이 자식들이 분명하더라.

말뚝이　아니다. 너 그거 모르는 소리다. 우리 댁 샌님께서 집안이 빈한해. 세물전[87]에서 세를 내 얻어 입고 와서 구색이 맞지 않아 그렇지, 분명한 양반이시다.

쇠뚝이　옳거니! 집안이 간고[88]해서?

말뚝이　암. 그렇고말고.

샌님　애, 말뚝아-?

말뚝이　네- 이-!

샌님　너, 이놈. 어디를 갔었느냐?

말뚝이　네- 이-! 샌님을 찾으려고 서산나귀 솔질하여 호피안장을 도듭놓아 가지고, 앞 남산, 밖 남산, 쌍계동,

86) 화선(花扇) : 꽃이 그려진 부채
87) 세물전(貰物廛) : 돈을 주고 빌려 쓰는 곳
88) 간고(艱苦)하다 : 아주 가난하여 고생이 많음

	벽계동, 칠패, 팔패, 돌모루로 동작강을 넌즛 건너, 남대문 안을 써억 들어서서 일간동, 이목골, 삼청동, 사직골, 오궁터, 육조앞, 칠관안, 팔각재, 구리개, 십자각, 아이머리 다방골로, 어른머리 감투머리 전골로, 언청다리, 쇠경다리를 썩 건너서서 배우개안 네거리를 나서 아래위를 치더듬고 내리 더듬어도, 원-샌님의 새끼라고는 강아지 새끼 한 마리 구경 없기에, 아는 친구 쇠뚝이 녀석을 만나서 물어 보았더니, 저-기 동소문 밖으로 나가더라 하기에 차츰차츰 걸어 양주골에 당도해 보니, 내 증손자의 외 아들놈의 샌님을 여기서 만나게 되는구료. (샌님의 어깨를 채찍으로 때린다.)
샌님	(쓴웃음으로) 으흐흐흐! 이런 후래개자식 같으니라고. 삼로가상[89]에서 허언맹서[90]를 탕탕하니, 예끼! 후래개자식.
쇠뚝이	애애애. 내가 그 양반을 보지 않으려고 했는데, 그놈의 음성을 들어보니 총을치[91]할 것 같다. 벼슬을 하겠어.
말뚝이	그러니 어서, 우리 댁 샌님께 문안을 한 번 잘 드려봐라.
쇠뚝이	이거 내가 상놈 된 게 죄지. 문안을 드릴 수밖에 없구

89) 삼로가상(三路街上) : 삼거리에서
90) 허언맹서(虛言盟誓) : 헛소리를 하지 않겠다고 말과 글로 써서 맹세함
91) 총을치 : 벼슬

나.

말뚝이 그래! 어서 가서 문안 드려봐라.

쇠뚝이 샌님? 남의 종 쇠뚝이 문안 들어가오. 절 받으셔야지, 잘못 받으시면 육시처참에 송사리 뼈도 남아나지 않소.

"쳐라"

(까치춤을 추면서 샌님 앞으로 가서) 아, 샌님? 남의 종 쇠뚝이 문안이오. (샌님이 대답을 하지 않는다. 다시 말뚝이에게로 와서) 얘얘, 내가 샌님을 뵈니 분명한 양반이시더라. 우리 같으면 네에미 에비 헬레레[92]나 잘 했느냐? 할 텐데. 진중히[93] 계신 것을 보니 양반은 양반이더라.

말뚝이 암! 여부가 있나. 분명한 양반이시고말고.

쇠뚝이 대관절 그놈의 집 가문이 어떤 가문이야?

말뚝이 가문으로 말할 것 같으면, 이사하는 날이 되면 사당문을 열어 놓고, 새끼 한 발을 꼬아 운운이 심지를 꿰어, 한 끝을 주욱 잡아 다니면, 그저! 주르르 따라나와서, 개밥통에다 한 발을 들어놓고, 다른 한 발은 내놓고, 여러 놈이 모두 쩍쩍거리는, 그런 가문이다.

쇠뚝이 그렇다면 돼지새끼들이 아니냐?

말뚝이 암, 영락없다. 이번에는 저기 가운데 계신 서방님께

---

92) 헬레레 : 성교한다는 말

93) 진중(眞重)하다 : 점잖고 조용히 있음

	문안을 잘 드려야지, 잘못 드리면 넌 네에미 붙은 놈이다.
쇠뚝이	"쳐라"
	(까치춤을 추며 서방님 앞에 가서 샌님 때와 같이 들이 박고 서서) 서방님? 아, 서방님! 남의 종 쇠뚝이 문안이오-?
서방님	(잠자코 부채질을 한다.)
쇠뚝이	(말뚝이에게 와서) 애애애, 서방님을 뵈니 서방님도 분명한 양반이시더라.
말뚝이	암. 분명한 양반이시고말고. 이번에는 저 끝에 계신이가 종가댁 도련님이신데, 문안을 잘 드려도 네에미 붙을 놈이고, 잘못 드려도 네에미 붙을 놈이다.
쇠뚝이	애, 이놈아. 그게 무슨 안갑을 할 소니랴?
말뚝이	이놈아. 잔소리 말고 어서 갔다 와.
쇠뚝이	"쳐라"
	(까치걸음으로 도련님께 간다. 춤은 샌님과 서방님 때와 같다.) 도련님? 아, 도련님! 남의 종 쇠뚝이 문안이오-?
도련님	오- 고히 있더냐.
쇠뚝이	(말뚝이 앞으로 와서) 애애애. 아, 그놈 참 맹랑한 양반이더라.
말뚝이	암, 맹랑한 양반이시고말고.
쇠뚝이	애, 우리 같으면 네에미 애비는 그짓들은 잘하느냐? 할 터인데, 오- 고히 있더냐? 하니, 그놈 참 맹랑한

양반이더라.

말뚝이 암, 맹랑한 양반이시고 말고.

쇠뚝이 애애, 그건 그렇고. 내가 문안을 드리고 나니 아주 싱겁구나. 그러니 다시 드리게 해다오.

말뚝이 어떻게 말이냐?

쇠뚝이 한 잔도 못 먹는 날은, 아래위 뜰을 깨끗하게 쓰레질하고, 한 잔 먹어 두 잔 먹어, 얼굴이 지지뻘개 지면, 아래위 동네를 돌아다니면서 조개란 조개는 모조리 다 까먹고.

말뚝이 무슨 조개를 그렇게 잘 까먹는단 말이냐?

쇠뚝이 묵은 조개, 햇조개 잘 까먹고, 영해, 영동, 고등어, 준치, 방어, 소라 하다못해 애들까지 모조리 잘 까먹는, 쇠뚝이 문안이오- 하고 이렇게 말이다.

말뚝이 이런, 제에메 붙을 놈 같으니라고. 그 문안이 사설이로구나.

샌님 애, 이놈 말뚝아.

말뚝이 네- 이-

샌님 양반에게 과언망설하고, 과도한 짓을 하니, 그런 제에미 붙을 놈이 어디 있느냐? 그 남의 종 쇠뚝이란 놈을 냉큼 잡아들여라.

말뚝이 네- 이-. 너 이놈! 우리 댁 샌님께서 너를 잡아들이라는 분부시다.

쇠뚝이 애, 이놈아. 내가 무슨 죄가 있다고 잡아들이느냐?

말뚝이 잔소리 말고 어서 들어가자. 이놈아. 남의 종 쇠뚝이를 잡아들였소.

샌님　오- 그래. 고약한 놈 같으니라고. 그런데 그놈의 대가리는 어딜 가고, 항문이 먼저 들어 왔느냐?

말뚝이　네-. 그런 게 아니라, 이놈의 대가리를 샌님 댁 대부인께서 보시면 기절절사 하실까봐 거꾸로 잡아들였소.

샌님　그러면 그놈의 대가리를 쑥 뽑아다가, 항문에다 콱 들이박아라.

말뚝이　네- 꽉 박았소. (돌려놓는다.)

샌님　그런데 그 뒤에서 꼼지락꼼지락 하니, 그건 또 뭐냐?

말뚝이　네. 저건 샌님 댁 대부인께서 밤저녁이면 갖고 노시는 건데, 아 그건 쇠뚝이 놈에게 한 번 물어 보시오.

샌님　여봐라. 이놈! (부채로 쇠뚝이를 때린다.)

쇠뚝이　어느 제에미 붙을 놈이. 나도 이름 석 자가 분명한데 이놈이라고 해?

샌님　네, 이놈. 네놈 이름이 있으면 뭐란 말이냐?

쇠뚝이　샌님이 부르기 아주 적당하오. 아당 아자, 번개 번자요.

샌님　아당 아자? 번개 번? 아당 아자? 번개 번? 그 참, 상놈의 이름 한 번 거북하구나.

쇠뚝이　한 번 불러 보시오.

샌님　아자 번자야-

쇠뚝이　세상에 아자 번자가 어디 있소. 샌님도 글을 배우셨으니, 어서 붙여서 한 번 불러 보시오.

샌님　아---

쇠뚝이　샌님도 지랄하네. 누가 자리개미를 물렸소. 샌님도 글줄 꽤나 읽으셨을 텐데, 하늘천, 따지, 거물현, 누루황하지 마시고, 천지현황, 이렇게 붙여서 불러 보시오.

말뚝이　아, 어서 붙여 불러 보시오.

샌님　어험! 어험! 아- 아번!

말뚝이, 쇠뚝이　오- 잘 있었느냐?

샌님　(쓴웃음) 으흐흐흐. 예끼! 후래개자식들 같으니라고. 남의 종 쇠뚝이는 허하고 사하고, 내 종 말뚝이를 잡아들여라.

쇠뚝이　네- 지당하신 분부요. (말뚝이에게 가서) 너, 이놈 잘 걸렸다. 패랭이 갓을 벗어라. 샌님께서 너를 잡아들이라는 분부시다. 이놈이 양반집에 있다고 세도를 부리더니, 너 잘 걸렸다. 이놈아. 세무십년에 화무십일홍이다. 어서 들어가자.

말뚝이　애, 이놈아. 너 왜 이러느냐? 너 술 취했느냐?

쇠뚝이　이놈아. 술은 무슨 술이야. 잔소리 말고 어서 들어가자. (샌님 앞으로 끌고 간다.) 분부대로 말뚝이를 잡아 대령했소.

샌님　오, 그래! 고약한 놈 같으니라고. 그 놈을 엎어놓고 대매에 물고를 쳐라.

쇠뚝이　네- 지당하신 분부요. (혼잣말로) 눈깔을 보아하니 어른, 애 가진 돈을 다 뺏겠구나. (곤장으로 때리려하는데, 말뚝이가 돈을 줄 테니 살살 때리라고 한다.)

샌님 여봐라, 이놈! 그 무슨 공론을 그렇게 하느냐?

쇠뚝이 아니올시다. 이놈이 샌님 안전에서 매를 맞고 보면 죽을 모양이라 헐장[94]을 해달라고 하오.

샌님 아니다. 어서 물고를 올려라.

쇠뚝이 네- 이-. 이것 참! 야단났네. (또 수군거린다.)

샌님 네, 이놈들! 또 모슨 공론을 하느냐?

쇠뚝이 이놈이 헐장을 해주면 열 냥을 준다고 하오.

샌님 안 된다. 어서 물고를 올려라.

쇠뚝이 허! 이것 참. 죽을 지경이네, 그려. (때리려다가 또 수군거린다.)

샌님 이놈들! 무슨 공론들을 그렇게 하느냐? 네에미 붙어먹자고 공론을 하였느냐?

쇠뚝이 그런 게 아니오라, 이놈이 이번엔 가장습매[95]를 해서라도 열 냥을 더해 스무 냥을 준다고 합니다만.

샌님 뭐라고? 스… 스무 냥!

쇠뚝이 그건 구수하오?

말뚝이 그건 아주 귀에 쏙 들어가오?

샌님 저 끝에 계신 도련님이 종가 댁 도련님이신데, 종가 댁 도련님께서 봉치 받아 놓은 지가 올 들어 석 삼

94) 헐장(歇杖) : 곤장 치는 것을 형식적으로 함
95) 가장습매 : 가장집매(家藏什賣), 집을 감추고 세간을 팔아서

년 열아홉 해가 됐다. 집안이 간고하여 여태 납채를 못 드렸으니, 그 돈 열아홉 냥 구돈 오 푼 오리는 본댁으로 봉상[96]하라. 나머지 오 푼 남는 것은 술 한 동이를 사서, 물 한 동이를 타 가지고, 휘휘 저어서 너도 먹고, 너도 먹고, 동지섣달 무똥 갈기듯 화수분[97]으로 후두 설사나 하다가 된 급살이나 맞아 죽어라.

쇠뚝이 네- 이-. 지당하신 분부요. 쳐라. (샌님 일행을 모시고 까치춤을 추며 함께 퇴장한다.) 아, 샌님! 아, 서방님! 아, 도련님!

(2) 제2경 : 포도부장놀이

늙은 언청이 양반인 샌님은 돈으로 소무를 유혹하지만, 젊고 힘센 포도부장이 나타나 소무와 눈이 맞는다. 샌님은 포도부장이 접근하지 못하게 하지만, 소무는 샌님을 발로 차고 포도부장에게 다가가 춤을 춘다. 샌님은 서럽게 울면서 인사를 하고 퇴장하고, 소무와 포도부장은 함께 춤을 추고 퇴장한다. 이 과장에서는 권력의 부패상을 풍자한다.

샌님이 까치춤을 추면서 장중으로 들어서고, 소무는 자라춤을 추면서 따라 등장한다. 포도부장은 맞은편에 나와 삼현청 오른편에 서 있다. 샌님은 홍안, 백발이 다 되었는데도 젊은 소첩을 데리고 말벗으로

---

96) 봉상(封上) : 윗사람에게 올림
97) 화수분(樺水汾) : 아무리 써도 줄어들지 않고 끝없이 생겨남

재미를 느끼며 사는데도 항상 마음이 놓이지 않아 소무 마음을 달래가며 산다.

샌님 (까치춤을 추면서 소무를 데리고 등장하여) 여보게, 마누라. 내가 이제 이렇게 몸도 늙고 병신이지만, 우리 내외가 이렇게 재미스럽고 안락하게 사는데, 이 동네 못된 청년이 있어서 내게 오쟁이[98]나 안 지을지 몰라. 허니 마누라 자네는 아예 딴 마음 먹지 말게나. 알겠는가?

"쳐라" (깨끼춤을 춘다.)

소무 (고개를 끄덕인다.)

소무와 샌님이 손을 맞잡고 춤을 춘다. 샌님은 춤을 추고 나서 자리를 뜬다.

샌님이 없는 것을 알고 소무를 찾아와 간통을 한다.

샌님이 돌아 와서 포도부장과 소무가 간통하는 것을 보고 포도부장을 내쫓는다.

샌님 아이쿠! 그러면 그렇지. 그저 일상 의혹이 나더라니. 저 놈이 웬 놈이냐? 저놈이 누구야? 저런 고약한 놈 같으니라고. 예끼! 이 못된 놈아.

---

98) 오쟁이 : 새끼줄로 엮어서 만든 망태기 종류

포도부장은 멍석말이로 달아난다. 샌님은 포도부장과 소무를 떼어 놓고, 포도부장을 부채로 때려 쫓아내고 난 다음 소무에게 간다.

샌님 여보게. 마누라. 대관절 그 놈이 누군가?

소무 (모르겠다고 고개를 젓는다.)

샌님 몰라? 정말 몰라? 아, 여태 같이 놀고도 몰라? 내가 그저, 일상 의혹이 나더라니. 늙은 놈이 젊은 계집을 얻어 사는 거라 일상 걱정을 했는데, 아니나 다를까! 여보게, 마누라. 자네는 그저 나를 하늘같이 바라보고 살면 괜찮아. 이 고대광실[99] 높은 기와집이 모두 자네 것이야. 내가 살면 몇 해나 살겠나. 그러니 나를 하늘같이 알고 살게나. 예부터 젊은 계집이 늙은 남편을 얻어 살면 그저 저절로 우대를 받는 거야. 허니, 아예 딴 마음 먹지 말게나. 알겠는가?
"쳐라" (소무와 손을 맞잡고 춤을 춘다.)

포도부장 (이것을 보고 뛰어나와 두 사람을 갈라놓고 소무를 데리고 와서 춤을 춘다.)

샌님 (떠밀려 나와 깜짝 놀라고, 분해서 이리 뛰고, 저리 뛰며) 아이쿠! 저 놈이 또 왔구나. 그러면 그렇지. 저 놈이 또 왔어. 저런 육시랄 놈이 또 왔어. 예끼! 이 놈! (포도부장을 때려 내쫓고는 소무에게 가서) 여보게, 그 놈이 또 왔어. 그래, 그 놈이 누군가? 대관절

---

99) 고대광실(高臺廣室) : 규모가 상당히 크고 으리으리한 기와집

그 놈이 누구야?

소무 (모르겠다고 고개를 젓는다.)

샌님 아, 여태까지 같이 놀고도 몰라?

소무 (고개를 끄덕인다.)

샌님 정말 몰라? 아, 정말 모른단 말이냐?

소무 (그렇다고 고개를 끄덕인다.)

샌님 (소무를 끼고 서서) 그게 무슨 맹망스런 짓인가. 젊은 사람이 좋더라도 그러지 말라고 늘 타일렀지 않았나? 다시는 그러지 말게. 마누라, 자네하고 나하고 정리[100]를 논지하고 볼 것 같으면, 그 어떠한 정리인가. 그저 삼각산이 들락날락[101]하고, 길을 가다가 콩알이 떨어진 걸 보면, 그걸 주워 먼지를 훅훅 불어내어 벌레 먹은 쪽은 자네를 주고, 성한 쪽은 내 입에 넣는 그러한 정리에, 그 무슨 짝에 그 동안 마음이 변했나? 다시는 그러지 말게나.

"쳐라" (깨끼춤을 추다가 소무와 손을 맞잡고 춤을 춘다.)

포도부장 (또 뛰어나와 둘을 갈라놓고 소무와 흥겹게 춤을 춘다.)

샌님 (떠밀려 나와서는 이리저리 뛰면서 분해서) 어이쿠! 저 놈이 또 왔구나. 저 놈이 또 왔어. 저런 주리를

---

100) 정리(情理) : 인정에 따른 도리

101) 삼각산이 들락날락 : 남녀의 하부가 맞닿았다가 떨어짐. 남녀의 하부가 들어갔다 나왔다 함.

	틀[102] 놈이 또 왔어. 예끼, 이놈!
포도부장	(멍석말이로 달아난다.)
샌님	(포도부장을 때려 쫓아내고 소무에게 가서) 여보게, 마누라. 그래, 그놈이 또 왔어. 대관절 그놈이 누군가?
소무	(모른다고 고개를 젓는다.)
샌님	몰라? 아, 여태 같이 놀고도 몰라?
소무	(그렇다고 고개를 뜨덕인다.)
샌님	예끼! 이 죽일 년아. 그래, 여태 같이 놀고도 모른단 말이냐? 암만해도 안 되겠어. 내가 그놈을 잠시 보니까, 그놈이 그래도 뼈다귀 있는 집 자식이야. 얼굴이 번지르르르 한 것이, 그래도 점잖은 집 자식인데, 내가 그놈을 찾아가서 점잖게 타이르고 와야지. 그냥 두었다가는 안 되겠어. 여보게, 마누라! 내가 저놈을 찾아가서 점잖게 타이르고 올 테니, 자네는 아예 딴 마음 먹지 말고 집이나 잘 보고 있게나. 알겠는가? "쳐라" (까치춤을 추면서 포도부장에게 가려다가 되돌아온다.) 여보게! 내가 젊디젊은 자네를 혼자 두고 어딜 좀 가려니까 발걸음이 뒤로만 걸리지, 당체 앞으로는 걸리지가 않는구려. 그래도 내가 가서 그놈을 점잖게 타이르고 와야겠지?

102) 주리를 틀다 : 주리 형틀에 묶어 놓고 형벌을 가하는 일

소무 (그러라고 고개를 끄덕인다.)

샌님 "쳐라" (깨끼춤을 추며 포도부장에게 간다. 포도부장을 때리고)

예끼! 이놈, 이 개자식아. 젊디젊은 놈이 어딜 가면 계집이 없어서 나같이 이렇게 늙은 병신이 젊은 소첩을 얻어 가지고, 밤이면 따뜻한 아랫목에서 등이나 슬슬 긁게 하고, 동지섣달 긴긴 밤 잠 안 오는 밤이면 말벗이나 하고, 어쩌다 생각나면 한 번 해볼까~ 하는 생각으로 하나 얻어 사는 걸, 네 이놈! 나 없는 싹을 알면 그저 담을 훌훌 넘어 들어와 신방돌에 내 신발이 없는 것을 알면, 그 으레 나 없는 줄 알고 내게 오쟁이를 잔뜩 짊어주고 가니. 너 그게 무슨 안갑을 할 짓이냐? 이놈! 양반이 한 번 잠잖게 타이를 때, 상놈이 말을 잘 들어야지. 다시 한 번 내 집에 발길질을 했다가는 이 다리가 부러질 줄 알아라. 알겠느냐? 이놈!

포도부장 (알겠다고 고개를 흔든다.)

샌님 "쳐라" (춤을 추며 소무에게 가서 소무를 잡고 흥겹게 춤을 춘다.)

포도부장 (또 뛰어나가 둘을 갈라놓고 소무와 놀아난다.)

샌님 (떠밀려 나와서 이리저리 뛰어다니며) 어이쿠! 저놈이 또 왔구나. 저놈이 또 왔어. 저런 쳐 죽일 놈 같으니라고. 예끼! 이놈아. (때려 쫓아낸다.)

포도부장 (자기 자리로 돌아간다.)

샌님 여보게! 그래, 그놈이 또 왔어? 안 되겠다. 이번에는 그놈을 찾아가서 단단히 혼을 내고 와야지. 그냥 두었다가는 아니 되겠어. 여보게, 마누라. 내가 그놈을 찾아가서 아주 단단히 혼을 내고 올 테니, 자네는 아예 딴 마을 먹지 말고 그저 집이나 잘 보고 있게나.

"쳐라" (포도부장에게 가서 포도부장을 때리고는)

예끼! 이놈아. 이 개자식아. 너 그게 무슨 네에미 붙을 짓이냐? 양반이 한 번 점잖게 타일렀으면 상놈이 말을 잘 들을 것이지. 그래, 또 와? 이놈아. 이놈, 양반이 이렇게 점잖게 타이를 때, 상놈이 말을 잘 들어야지. 또 다시 왔다가는 이번에는 이, 목 항정[103] 달아날 줄 알아라. 알겠느냐?

포도부장 (알았다고 고개를 끄덕인다.)

샌님 "쳐라" (춤을 추며 소무에게 와서 겨드랑이 밑으로 얼굴을 집어넣고)

여보게. 그 동안 별일 없었나? 그래, 어딜 갔었나?

소무 (손으로 하늘을 가리킨다.)

샌님 옳거니! 하늘로 별을 따러 갔었단 말이지? 그러나 저러나 마누라. 자네하고 나하고 정리를 논지하고 볼 것 같으면 그 어떠한 정리인가? 생선 한 마리가 있으면, 가운데 토막은 모두 내가 먹고, 대가리와 꽁지는 자네가 먹는 그러한 정리가 아닌가. 또 어디 그

103) 항정 : 개나 돼지 따위의 목덜미

뿐인가? 어제 밤에는 마누라 자네가 손을 배꼽에서 부터 처억 더듬다 내려가 내 연장망태기를 잔뜩 움켜쥐고, 그저 조물락 조물락 하면서, 한 번 합시다 …… 합시다…… 하는 걸, 워낙 근력이 없어서 못했던 그런 정리가 아닌가?

소무 (소매를 걷어붙이고, 한 손으로는 샌님 멱살을 잡고, 또 한 손으로는 따귀를 때리고, 발길질을 하면서 포도부장을 부른다.)

샌님 (깜짝 놀라 소무에게서 벗어나려고 이리 빼고 저리 빼며) 어이쿠! 이년 봐라. 얘, 이년아. 이거 놔라! 이거 놔라, 이거 놔! 이년아, 이거 놔!

포도부장 (이젠 제 계집이 되었다고 좋아하며 갓을 뒤로 쳐서 넘겨 버리고 줄통[104]을 뽑고 양쪽 두루마기를 잡고 제비가 날아가듯 제비활개춤을 추면서 뛰어나가 둘 사이를 갈라놓고는 소무와 흥겹게 춤을 춘다.)

샌님 (떠밀려 나와 이리 뛰고, 저리 뛰면서) 아이쿠! 저놈이 또 왔구나. 저놈이 또 왔어. 저런 죽일 놈 같으니라고. 예끼, 이놈아!

소무, 포도부장 (둘이 붙어서 앉는다.)

샌님 이놈 봐라. 이놈이 이젠 쫓아내도 도망도 안 가고, 두 년놈이 딱 붙어서 들이 덤비는구나. 할 수 없다. 나무도 고목이 되면 오던 새도 안 오는 이치다. 젊은 놈

---

104) 줄통 : 옷고름

	은 젊은 년하고 살아야 하고, 젊은 년은 젊은 놈하고 살아야지. 젊으나 젊은 것이 늙은 놈하고 살자니, 그 무슨 재미가 있겠느냐. 오냐. 너희들 좋도록 해 주마. 그러나 저러나 마지막이니, 마누라. 자네 손목이나 한 번 잡아 봅시다.
포도부장	(자기 손목을 내준다.)
샌님	아이고, 마누라. 아이고. 예끼! 이놈아. 내가 여태 네 손목을 잡고 울었단 말이냐? 그래. 그것도 싫어서 네 놈 손목을 내 놔? 이놈아. 여보게, 그러지 말고 살던 정리를 생각해서라도 마지막이니 손목이나 한 번 주.
소무	(손목을 준다.)
샌님	이젠 정말 마누라 손목이구나. 그러면 그렇지! 물 무어 샐 틈이 있는가. 그러니까 끼고 놀던 내외였지. 남아일언중천금이라 내가 두 마디도 안 할테다. 허니, 아무쪼록 아들 낳고 딸 낳고, 자손창성하여 부귀영화를 누리며 잘들 살아라. 나는 간다. 그러나 저러나 아주 더럽다. 퉷! "쳐라" (손목을 놓고 까치춤을 추면서 퇴장한다.)

소무와 포도부장은 굿거리 춤을 추다가 퇴장한다.

8) 제8과장 : 신할애비와 미얄할미

신할애비와 산대놀이를 구경 나온 미얄할미를 구박한다. 미얄할미가 성질을 못 이겨 나가서 죽는다. 신할애비는 상황을 모르고 부인을 찾다가 죽은 부인을 보고 통곡하며 넋두리를 한다. 그리고 집을 나간 아들 도끼를 찾아 모친의 죽음을 알리자, 아들은 자신이 가출한 이유를 말하고 어머니를 죽게 한 아버지를 탓한다. 신할애비는 시집간 지 3년이 되도록 도식이 없는 도끼누이를 불러오라고 도끼에게 시킨다. 도끼누이는 옛날에 동생에게 속아 고리대금으로 힘들게 살고 있다. 처음에는 도끼의 말을 믿지 않다가 거짓이 아님을 강조하는 동생을 믿고 나선다. 남매가 와서 모친의 죽음을 확인하고 도끼누이가 무당이 되어 지노귀굿을 하면서 미얄할미의 넋을 풀어준다. 이 과장은 양주별산대놀이 중 가장 마음 아픈 연희로 서민생활의 고통과 당시 사회의 어려움을 표현한다.

신할애비는 5~6보 가량 장중으로 들어서서 부채를 펴서 장중을 둘러보고 춤을 추다가 중앙에서 주저앉는다. 미얄할미는 신할애비를 좇아 나오는데, 지팡이를 짚으며 허리도 두드리고 손수건으로 눈물, 콧물을 닦고 사방을 이리저리 쳐다보면서 등장한다. 도끼 남매는 삼현청 앞에 나와서 대기하고 있다.

신할애비　　허참! 좋긴 좋구나. 나도 예전에는 춤 꽤나 췄는데. 이런 좋은 놀이판에 나왔으니, 어디 춤이나 한 번 춰 볼까?

"쳐라" (빗사위, 고개잡이, 깨끼, 멍석말이, 곱새를 추다가 뒤로 넘어진다. 다시 춤을 추다가 힘에 겨워 땅바닥에 주저앉는다.)
어이쿠! 이것 봐라. 나도 어제는 청춘이더니 이제 이렇게 몸 늙고, 병들어 놓으니 할 수가 없구나. 그러나 저러나 그 예전에 부르던 그 시조나 한 마디 불러보자.
(앉아 있다가 일어나면서 시조를 부른다.)
"아헤들아, 아헤들아.
산대굿 구경하여 보았느냐?
팔십 먹은 노인 나도
어제 산대굿 구경해보았단다.
이팔청춘 소년들아.
늙은이 망령을 웃지 마소.
나도 어제는 청춘이더니,
오날 홍안백발이 다 되었구나.
운심은 벽계요 황혼은 유독한데
적막강산이 예로구나."
(시조를 부르며 뒷걸음질을 하다가 미얄할미와 부딪힌다.)

미얄할미 (비틀거리며 넘어져 일어나려고 애를 쓴다.)

신할애비 (깜짝 놀라 앞으로 갔다가 부채를 펴서 뒤돌아보고는 미얄할미에게로 와서) 이크! 이게 뭐야? 아니! 바로 우리 마누라가 아닌가? (손을 잡아 일으킨다.) 청개구리 밑에 실뱀 따라 다니듯이, 눈물을 쪼르르 흘리고 콧물을 질질 흘리며 뭘 하려 여기 나왔소?

미얄할미 (지팡이를 들어서 장중을 가리킨다.)

신할애비 옳지. 산대굿 구경을 나왔단 말이지? 그러나 저러나 그 솥개 부둥가리는 다 어떡하고 나왔소?

미얄할미 (지팡이를 들어 건너 마을을 가리킨다.)

신할애비 옳지. 우리 마누라가 예전부터 찬찬하기[105]는 해. 저 건너 김동지 댁에다 맡겨두고 나왔단 말이지?

미얄할미 (고개를 끄덕인다.)

신할애비 그러나 저러나. 이젠 마누라 자네도 팔십이요, 나도 구십 당년 늙은인데, 우리 이별이나 한 번 해 볼까?

미얄할미 (그러자고 고개를 끄덕인다.)

신할애비 (이리저리 돌아다니며 시조를 부른다.)

"죽어라- 죽어라-
제발 덕분에 너 죽어라.
너 없으면 나 못 살리.
나 없으면 너 못 살리.
제발 덕분에 너 죽어라.
당 명황의 양귀비도 죽었거늘
제발 덕분에 너 죽어라.
노랑머리를 박박 긁고
두 손뼉을 딱딱 치고
긴 양대 배 위에 놓고

105) 찬찬하다 : 빈틈없이 꼼꼼하게 잘 챙김

제발 덕분에 너 죽어라."

미얄할미 (이 말을 듣고 분해서 머리를 긁고, 손뼉을 치고, 가슴을 치다가 넘어져 죽는다.)

신할애비 아니? 이것 보게! 마누라가 어딜 갔나? 나는 그래도 정에 겨워 그런 말을 한 것인데, 요 맬맬한[106] 것이 이 말을 듣고 없어졌구나. 한 솥에 밥을 먹던 개가 나가도 찾는 법인데, 하물며 수십 년 동거하던 마누라가 집을 나갔으니, 아니 찾을 수가 있나. 어디를 갔을까? 한 번 찾아보자.

(노랫조로)

"마누라- 마누라- 어디로 갔소?
만수산 넘어 송림촌 갔나?
영천수 맑은 물에 탁족하려 갔나
상산사호 옛 노인 바둑 훈수 갔나
일점이점 탕탕 놓는 바둑 훈수 갔나
옛날 초패왕과 병서를 의논차 갔나
주중전차 이태백과 술추렴하러 갔나.
어데로 갔소."

(뒷걸음질을 하다가 발에 무엇이 차이는 것을 보고는 깜짝 놀라 부채를 획 펴고 시체를 향해 돌아서서) 어이쿠야! 이게 뭐야? 여기 거리부정[107]이 났네. (마누라

106) 맬맬한 : 매정한
107) 거리부정 : 길거리에서 좋이 못한 일이 생겨남

앞으로 좀 더 가까이 다가가서 다시 살펴보고) 아니? 이게 누구야? 바로 우리 마누라가 아닌가. 여보, 마누라! 어서 일어나시오. 이게 무슨 맹망스런[108] 짓인가. 나는 정에 겨워 그랬는데, 이 마누라 성미가 가랑잎에 불붙는 급한 성미라서 분을 이기지 못하고 죽었나보다. 이렇게 누워 있으면 내가 속을 줄 알고? 어디? (앉아서 냄새를 맡아 보고, 맥을 짚어 보고, 코끝에 손을 대어 보고서야 진짜 죽은 것을 알고 통곡을 한다.)

아이고! 이것 보게. 이것이 정말 식은 방귀를 뀌었구나[109]. 아이고, 마누라! 아이고 마누라! 코끝에 손을 대어 보니 찬바람이 감돌고, 긴양대[110]를 배 위에 얹고 열 손가락을 배 위에 놓고, 아주 뻣뻣한 게, 정말 죽었구나. 이 일을 장차 어찌하면 좋단 말인가. 아이고, 마누라! 아이고, 마누라! 이거 현순백결[111] 늙은 놈이 거리노중에서 이 모양 이 꼴을 당했으니, 이 일을 어찌하면 좋단 말인가. 아들자식 놈이라고 하나 있는 것은 팔난봉으로 집을 나간지가 올 들어 석 삼 년 열아홉 해가 됐는데, 이 자식이 난봉으로 돌아다니다 혹시 이런 놀이판에 와 있을지도 몰라.

이 자식 놈을 한 번 찾아보자. 헌데, 이놈 이름이 뭐

---

108) 맹망스런 : 아무것도 모르는 척, 알고도 일부러 모르는 척 함
109) 식은 방귀를 뀌다 : 이미 죽었음
110) 긴양대 : 버드나무 지팡이
111) 현순백결(懸鶉白結) : 의복이 갈가리 찢어짐. 아무것도 가진 것이 없음

	더라. 그 무슨 연장 이름인데……. 옳지! 장작 패는 도끼로구나. 도끼야. 이놈을 한 번 불러봐야지. (장내를 돌아다니며) 애, 도끼야! 아, 애, 도끼야! 그러면 그렇지! 이놈이 여기에 와 있을 리가 없지. 그러나 저러나 사람이 이렇게 인성만성하고 만산편야한데 뜸물에도 애가 든다고 어디 다시 한 번 불러 보자. (장내를 돌아다니면서) 애, 도끼야! 애, 도끼야! 애, 이놈 도끼, 도끼야~!
도끼	(관중 속에 섞여 앉아 있다가 아버지의 음성을 듣고 장중으로 들어서면서) 아니, 그래. 어느 제에미 붙을 놈이 도끼가 숨넘어가는 줄 아나? 도끼야? 도끼야? 하게.
신할애비	애, 네가 도끼냐?
도끼	내가 까꿔요.
신할애비	아, 네가 도끼냐?
도끼	까꿔예요.
신할애비	도끼냐?
도끼	그래, 도끼요. 아니! 이거, 아버지가 아니오? 그러나 저러나 아버지 그간 평안하셔?
신할애비	예끼! 이놈아. 애비더러 그간 평안하셔가 뭐냐? 이놈아, 평안하셔가. 그러나 저러나 너 그동안 어딜 그렇게 쏘다녔느냐?
도끼	똥 누러 갔었어요.
신할애비	똥은 무슨 화수분 설사를 했느냐? 동지섣달 무똥 갈

기듯, 석 삼 년씩이나 똥을 싸게! 이놈아. 얘, 그건 그렇고, 너, 이 애비가 저 건너 마을 김동지 댁에 갚으라고 준 월수 돈 석 냥 어떡했느냐?

도끼 그 돈, 말도 마오. 내가 그 돈 석 냥을 가지고 김동지 댁에를 가려고 저기 동구 밖을 나가려니까 수양버드나무 정자나무 아래서 팔구십 당년한 늙은이들이 둘러앉아서 고패[112]를 가지고 골쩍째기[113]를 하는데 말이요, 그것 참 함직 합디다. 돈이 시글시글한데[114] 그때나 이때나 돈 싫다는 사람 있소? 해서 그 돈 석 냥으로 새끼를 쳐서 좀 따볼까~ 했는데, 늙은이들이 하는 중이라 원몫[115] 한 번 제법 못해보고 어깨너머 부탁으로 그 돈 석 냥을 다 잃어버렸소. 그냥 집으로 왔다가는 아버지에게 엉덩이뼈가 부러질 것 같아서 그 길로 그냥 줄행랑을 쳤소.

신할애비 예끼! 바닥의 아들놈 같으니라고. 그 좋은 돈을 가지고 원몫 한 번 못 잡아보고 어깨 너머 부탁으로 그 돈 석 냥을 다 잃어 버렸어? 이 늙은 애비는 그 돈 석 냥을 뜯어 갚느라고, 목타레 송아지[116] 한 마리 팔고, 손톱 발톱이 다 까져 없어지도록 고생해서 변리인지, 이자인지 그것도 다 갚았다. 이놈아. 얘, 그건 그

112) 고패 : 놀음놀이. 일종의 화투
113) 골쩍째기 : 천천히 열어보는 노름
114) 시글시글하다 : 넉넉하다
115) 원몫 : 애초부터 일정한 자기 몫이 있음
116) 목타레 송아지 : 코를 뚫지 않은 어린 송아지. 아직 목에 굴레를 걸은 어린 송아지.

	렇고 네 에미가 식은 방귀를 뀌었다.
도끼	어머니가 왜 식은 방귀를 꿨어? 아, 아버지 술자셨소?
신할애비	술이 다 뭐냐. 네놈이 언제 이 애비 술 사준 적 있느냐? 정말 죽었다. 냄새가 났어.
도끼	그럼 아주 올라감세[117], 했게?
신할애비	밥숟가락 놨다면 그만이지. 뭐.
도끼	그저 내가 집을 나가 있어도 일상 염려를 했소. 어머니 시집 와서 몇 십 년 동안 그 아버지 잔소리에 참! 불쌍했소. 돌아가시기는 팔자 좋게 잘 돌아가셨소만, 거리 노중에서 객사했다니 불쌍하기 짝이 없소. 아버지 이빨에 저렇게 깍쟁이 같은 옥니가 달렸으니, 어찌 집안 식구를 안 잡아먹겠소? 밤낮을 가리지 않고 어머니를 달달 볶고, 앙알앙알 옹알옹알 암상을 부리더니 끝내는 어머니를 까자셨구려[118]. 아버지에게 삿대질을 한다.)
신할애비	(부채로 도끼의 얼굴을 때리며) 예끼! 이놈아. 그래, 애비더러 에미를 까자셔가 뭐냐? 뭐, 이말 저말 할 것 있느냐. 기왕에 당한 일을……
도끼	그러나 저러나 빈소는 어디요?
신할애비	저기다.

---

117) 올라감세 : 죽었다는 뜻

118) 까자셨구려 : 죽였다는 뜻

도끼	(시체 앞으로 가서) 아이고! 어머니가 돌아가셨다니, 이게 웬 말이요? 아이고, 어머니! 아이고, 어머니! 아, 아버지?
신할애비	왜 그러느냐?
도끼	어머니 전신에 맥은 다 짚어 보았소?
신할애비	암. 짚어 보았지.
도끼	내가 전신에 맥을 짚어보니까 다른 데는 다 죽었어도 나와 누이 만들려고 옹색을 풀던 구멍은 아직 따뜻하게 살았소.
신할애비	아니, 거기가 살았어? 어디 한 번 만져보자. (만지려고 다가간다.)
도끼	(신할애비를 밀며) 여길 왜, 아버지가 만지려고 야단이오? 내가 만져봐야지. 다시 한 번 만져 봐도 따뜻하게 살았으니, 마지막으로 옹색을 풀려면 어서 풀어보구려.
신할애비	예끼! 이 잡자식아. 우리가 이러고 있을 때가 아니다. 장사 지낼 생각을 하자. 네 누이가 잿골서 살다가 먼지골로 이사를 갔으니, 너 가서 네 누이 좀 불러 오너라.
도끼	어! 이런 제에미 붙을 놈의 팔자를 봤나. 아, 그래. 어느 제에미 붙을 놈이 머리 풀고 있는 상주 더러 제 누이한테 부음을 전하라고 해? 이 동네에는 사람이 그렇게도 없단 말이오? 거, 당신이 갔다 오시오.
신할애비	말인즉 네 말이 옳다만, 늙은 내가 어딜 가겠느냐?

	나는 빈소를 지키고 있을 테니 어서 갔다 오너라.
도끼	할 수 있소? 그럼 내가 갔다 오리다. 그런데 가면 있을까……
신할애비	그거야 가 봐야 알지.
도끼	아, 그 보창할 년[119]이 그 전에는 서방질을 다녔는데, 서방질은 안 갔을까?
신할애비	글쎄? 가 봐라.
도끼	그럼 갔다 오리다. (누이에게 가다가 되돌아 와서) 그전처럼 잘 산답니까?
신할애비	글쎄? 벌써 삼 년째 소식이 없다. 아, 여태 안 갔느냐? 어서 냉큼 갔다 오너라. 이 오뉴월 삼복 땡볕에 네 에미 다 썩겠다. 이놈아!
도끼	그럼, 아버지?
신할애비	또 왜 그랴?
도끼	그동안 편지를 했소?
신할애비	얘, 이놈아. 아비더러 편질 했소가 뭐냐?
도끼	아따! 우리 집이 그러면 그렇지. 별수 있나.
신할애비	예끼! 이 잡자식아. 그러지 말고 다녀와.
도끼	그럼 갔다 오리다. (누이를 데리러 삼현청 앞으로 간다. 장단 없이 걸어서) 누이~ 아, 누이~ 아, 누이, 누니임~!
누이	(일어서면서) 게 누구냐?

119) 보창할 년 : 몸을 아무에게나 내주는 여자. 창녀 같은 여자

도끼	나 도끼요.
누이	까뀌[120]?
도끼	나 도끼요.
누이	옳지. 대패?
도끼	아니오. 나 도끼가 왔소.
누이	옳지! 옳지! 끌.
도끼	아, 귀까지 먹었소? 그게 아니라 내가 왔소. 도끼요, 도끼!
누이	도끼가 왔어? 네가 도끼냐?
도끼	그래요. 나 도끼요.
누이	그런데 네가 웬일이냐? 무슨 바람이 불어서 예까지 왔느냐?
도끼	어머니가 식은 방귀를 뀌었소.
누이	얘얘, 그런 거짓부렁[121] 하지 마라. 네가 또 오기는 왔다만 지금은 내가 당권[122]까지 잡혀 놓고 저 건너 김동지 댁에 가서 보리방아 품 팔아 근근이 살고 있다. 헌데 그것도 여의치 않아서 이젠 몽땅치마를 입고[123] 사는 처지다. 그 전에는 내가 술장사를 해서 한 푼, 두 푼 모아 놓은 돈을 백 냥이고, 이백 냥이고 뜯어가 재미를 붙여 또 뜯으러 왔다만, 이젠 노랑전 한

120) 까뀌, 대패, 끌 : 나무를 다듬는 연장 이름
121) 거짓부렁 : 거짓말
122) 당권(堂券) : 무당 일을 할 수 있는 문서나 또는 인정해 주는 말
123) 몽땅치마를 입다 : 생활이 여의치 않다. 사는 것이 예전만 못 하다.

	푼도 없다. 허니 그냥 가 봐라. 빨리 돌아가라!
도끼	누님이 나한테 속고 속았으니 그런 말을 하는 것도 무리는 아니오. 하지만 이건 거짓말이 아니오. 그전처럼 누님이 잘 살 땐 내가 엿방맹이[124] 밑천도 뜯어가 누님이 그런 말을 하지만, 그런 게 아니라 어머니가 정말 새평이를 쳤다오[125].
누이	어머니가 식은 방귀를 뀌었어?
도끼	어머니가 아주 올라감세 했소.
누이	네가 말을 구수하게 하지만, 이젠 네기 콩으로 메주를 쑨다 해도 난 그 말 안 듣는다. 안속아.
도끼	아니, 그런 게 아니오. 그런 게 아니라 어머니가 아버지를 쫓아설랑 그 산대 논다는 데를 쫄쫄 쫓아 구경오니까 아버지가 구박을 좀 했나 봅디다. 허니 그만 어머니가 서러워서 긴양대를 배 위에다 얹고 양 손을 배 위에 얹고는 아주 쭉 뻗어버렸지 뭐요. 허니 누이 알다시피 아버지가 뭐 있어? 저 성질에 사람도 안 붙고 있는데, 나도 역시 난봉으로 돌아다니다가 거 참! 천륜이란 게 뭔지, 아버지가 그 지경을 당해 내 이름을 부르는데, 아, 아버지 음성이 귀에 있으니까 가까이 가 보니, 정말 아버지 아니겠소? 가까이 가서 "웬일이요?" 하니 어머니가 이리저리 돌아갔다고 하

124) 엿방맹이 : 남자의 성기
125) 새평이를 치다 : 죽었다. 옛날에 새평리라는 동리에 화장터가 있어서 만들어진 말

는데, 어떡하오? 날더러 누이한테 가서 부고 전하고, 데리고 오라고 그랬어. 내가 다른 핑계를 대고 돈을 뜯어 가면 뜯어갔지, 어머니가 돌아가셨다고 핑계를 대고 돈을 뜯어가는 그런 난봉의 자식은 아니오. 거짓말 아니니 어서 가서 어머니 장사 지낼 생각을 합시다.

누이　네가 암만 말을 구수하게 해도, 믿음성이 없어 마땅치가 않다.

도끼　그렇지 않소. 그러나 저러나 매부는 어디 갔소?

누이　애, 말마라. 네 매부 집 나간지가 올 들어 석 삼 년이다. 지금 혼자 아주 죽을 지경이다.

도끼　그럼 그 동안 옹색한 일이 많았겠구려.

누이　이 동네에 홀아비, 총각이 두름[126]으로 엮고도 남는단다. 해서 개평[127] 여러 번 뗐다.

도끼　누님. 그 개평 나도 좀 주. 지금 한 번 해 볼려우?

누이　이 잡자식. 형제지간에 그런 법이 어디 있느냐? 남의 집 설렁탕집 같은 데나 국밥집에 팔아먹고 고생시키는 것 아니냐?

도끼　그렇지 않소. 지금 누님이 어디 젊은 계집이유?

누이　네가 돈이라면 눈알이 햇님이 되니까 열 냥을 받아도 그만, 백 냥을 받아도 그만이지. 나야 어떻게 되던

---

126) 두름 : 어떤 물건을 일정량으로 묶어 놓음

127) 개평 : 물건을 사면 덤으로 더 주는 것. 거저 얻어가짐

	말든 그냥 맡기는 것 아니냐?
도끼	그렇지 않소. 그러니 어서 갑시다. (춤을 추면서 빈소에 와서 삼현을 중지시킨다.) "쳐라"
도끼	(미얄할미 누운 데로 와서) 여기요.
누이	여기야?
도끼	예.
누이	아버지는 어디 가셨니?
도끼	아버지 어디 갔는지 뻔하오. 아이고, 그 깍쟁이. 아버지라도 얄미워 죽겠소.
누이	아이고. 네가 약 한 첩 못 써 봤구나. 아주 얼굴이 이거, 추상살 맞아 죽었구나.
도끼	말도 마시오.
누이	아이고, 어머니! 어머니가 돌아가셨다니 이게 웬말이오? 아이고, 어머니! 이거 눈물 콧물도 씻어주지 못했으니. 아이고, 어머니! 아이고, 어머니! 그래도 우리 어머니가 살아 소싯적에는 얼굴이 갓돋아 오르는 보름달 같고, 물 찬 제비 같고, 씻은 배추 줄거리[128] 같더니 이제 히금자 자식이 다 되었구료. 아이고, 어머니! 아이고! 천 석이요, 이천 석이요, 삼천 석이요. 아이고, 어머니! (신할애비한테 가서) 아버지, 그 동안 평안하셔?
신할애비	(부채로 때리며) 예끼! 바닥의 딸년 같으니라고. 무

128) 배추 줄거리 : 배추 줄기

	슨 놈의 집안이 아들놈도 와서 애비더러 평안하셔 하더니, 원 딸년마저 와서 평안하여 하니, 이놈의 집구석이 몽땅 화랭이 집구석이로구나. (부채로 번갈아 한 대씩 때린다.)
	얘, 그러나 저러나 네 에미가 아주 올라감세 했다.
누이	아버지, 술 자셨소?
신할애비	술이 다 뭐냐. 네년이 언제 이 애비 술 사준 적 있느냐? 정말 죽었다.
누이	아이고! 밤낮으로 그렇게 어머니를 달달 볶고, 낯갓[129]을 펴지 못하고 그저 앙알앙알 옹알옹알 암상을 부리더니, 끝내는 어머니를 까자셨구려. (삿대질을 한다.)
신할애비	예끼! 바닥의 딸년 같으니라고. 그래 애비더러 에미를 까자셔가 뭐냐? 이년아.
누이	그런데 아버지?
신할애비	왜?
누이	그런데 이 진신의 맥을 내가 죄 다시 짚어보았소.
신할애비	그랴?
누이	전신이 아주 죽었소.
신할애비	죽었겠지.
도끼	(누이 옆에서 우는 척하면서 누이의 몸을 주무르며 색욕을 밝힌다.)

129) 낯갓 : 얼굴

신할애비 (이것을 보도 달려가 도끼를 떼어놓고 누이를 데리고 일어나며) 예끼! 이놈아. 저리 가거라. 저리 가. 동네에 자주 못된 소문난다. 그러다가 생피 붙을라, 이놈아. 저리 가거라. 저리 가. 애, 너는 이리 오너라. 저 놈 곁에 가지 마라. 큰일 난다.

도끼 그러나 저러나 어서 장사 지낼 생각을 하오. 어서!

먹중들이 등장해서 시신을 내어간다.

신할애비 이제 장사도 다 지냈다. 그러나 저러나 네 에미는 객사한 것이 참 불쌍하구나. 우리가 가진 것 없이 거리 노중에서 이 일을 당했으니, 어쩌겠느냐? 허니 우리 삼부녀가 네 에미 넋이나 건져주자. 집 같으면 시왕[130]도 갈라주고, 진노귀 삼성[131]도 해주겠지만, 형편이 그러질 못하니 넋이나 잘 건져주자.

누이 "넋이야, 넋이로구나. 녹양심산에 첫 넋이야.
넋일랑 넋판에 모시고, 신에 신체는 관에다 모셔
북망산천 돌아가니 한심하고 처량하다.
저승길이 멀다 하더니 대문 밖이 저승일세.
옥출경 폭파경인데, 정수를 얻는 넋이로다."

---

130) 시왕(十王) : 사람이 죽어서 저승에 가면 만나는 저승의 십대왕. 진광대왕, 초강대왕, 송재대왕, 오관대왕, 염라대왕, 변성대왕, 태산대왕, 평등대왕, 도시대왕, 오도전륜대왕

131) 진노귀 삼성 : 제대로 격식을 갖추어 망자의 혼령을 위로하는 굿

누이가 무당이 되어 굿을 한다. 춤을 추려고 혼을 불러들여 공수도 해 준다.

누이 영정을 가망, 부정 가망, 헌협한[132] 처소로 신이 들어 옵시사, 휘~ (춤을 춘다. 그리고 삼현을 중지시켜서 넋두리를 한다. 신할애비에게 가서) 아이고! 영감 나 들어 왔소. 오니 온 줄 알우. 가니 간 줄 알우. 바람에 불려 왔소. 구름 속에 쌓여 왔소. 안은 데 자취 없고, 선 데 그늘 없이 나 들어 왔소, 아이고! 영감. 내가 가다 인정 쓰고 노자 하게 나 노잣돈[133] 좀 주.

신할애비 아이고! 마누라가 들어 왔구려. 여기 있소. 산 좋고, 물 좋은, 좋은 곳으로 가오.

누이 오냐, 오냐! 오냐, 오냐! 잠깐, 잠깐 놀다가마. 얼쑤! (춤을 추다가 삼현을 주지시켜 신할애비에게 다시 간다.) 아이고, 염감! 천금 같은 내 자식, 만금 같은 내 자식, 도끼는 어디 있소?

신할애비 저기 있소.

누이 아이고, 도끼야! 오니 온 줄 아니? 가니 간 줄 아니? 바람에 불려 왔다 구름 속에 쌓여 왔다. 앉은 데 자취 없고, 선 데 그늘 없이 나 들어 왔다. 아이고, 도끼야! 내가 살아생전에 너 성례[134] 한 번 못 시키고, 세

132) 헌협(軒袷) : 마루에 혼을 위한 제사상을 차려놓는 것
133) 노잣돈 : 여비
134) 성례(聖禮) : 성인이 되었을 때 치루는 예식

	상 뜨고 보니 원통하고 절통한 것이 굽이굽이 생각난다. 내가 지금 살아생전 같고, 안은 데 이별 같다. 내가 살았을 때는 얌전하고, 똑똑하고, 인정 많고, 사정 많고, 불쌍한 사람 알아보던 내가 아니시냐? 쓸쓸하구나. 대신 집 문전 같구나. 삼 칸 마루에 왕방울이 뛰구르르륵 구르고 앞다리 선각에, 뒷다리 후각에, 양지머리, 건안지, 쇠머리, 쇠족에, 산뚝에 뿌연 막걸리 한 잔 없구나. 쓸쓸하구나. 쓸쓸하구나. 아이고, 애 도끼야. 내가 가다가 인정 쓰고, 노자하게 나 노잣돈 좀 다오.
도끼	여기 있소. 아무쪼록 산 좋고, 물 좋은 곳으로 가서 극락왕생하시구려.
누이	오냐, 오냐. 오냐, 오냐! 잠깐 잠깐 놀다 가마. 오늘 여기 오신 손님들 산대굿 구경하신 후에 각자 집에 돌아가더래도 뉘도 없고, 탈도 없게 도와주고 남녀불문하고 어른, 애, 노인할 것 없이 그저 모두가 태평무사하게 도와주마. 간다. 쳐라!

한바탕 춤을 춘 다음 신할애비, 도끼가 관중들에게 인사를 하고 마친다.

※ 뒷풀이 : 연희자와 모든 관중들이 함께 어울려 신명껏 춤을 추는 것으로 액땜 또는 액막이를 한다.

글 | 양 정 화

- 서경대학교 국어국문학과 졸업
- 단국대학교 대학원 석사
- 서경대학교 교양학부, 서정대학교 천성마을 행복학습관 강의
- 『원문대조 한국신화』 (민속원 2017) 공편저
- 『우리신화 한국신화』 (교우사 2018) 공편저

사진 | 안 희 수

- 한국지엠사진전
- 순천시미술대전 입선
- 광주매일신문 전국사진대전 입선
- 논산전국사진공모전 입선 등 다수

양주별산대놀이

초판 인쇄 | 2018년 11월 15일
초판 발행 | 2018년 11월 15일

엮 은 이 양정화
사 진 안희수
감 수 이해윤

책임편집 윤수경

발 행 처 도서출판 지식과교양
등록번호 제2010-19호
주 소 서울시 도봉구 삼양로142길 7-6(쌍문동) 백상 102호
전 화 (02) 900-4520 (대표) / 편집부 (02) 996-0041
팩 스 (02) 996-0043
전자우편 kncbook@hanmail.net

ISBN 978-89-6764-131-3 03380 정가 14,000원

후원 | 경기문화재단 북부문화사업단